CODE SPÉCIAL

DES

ÉTABLISSEMENTS PARTICULIERS

D'INSTRUCTION SECONDAIRE,

Rédigé et annoté

PAR M. **GALERON**,

Agrégé des classes supérieures et chef d'institution à Paris.

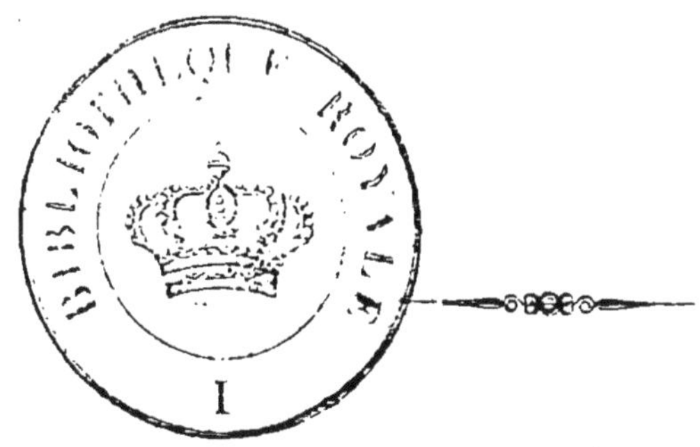

PARIS,

CHEZ MESNAGE, LIBRAIRE.

RUE DES GRÈS, N. 9.

—

1846.

Paris. — Impr. de Lacour et Ce, rue St-Hyacinthe-St-Michel, 33.

PRÉFACE.

L'ancienne université vivait dans une docte quiétude. Fille aînée des rois de France, relevant de l'état sans lui appartenir, indépendante sans hostilité, comme fidèle sans asservissement, riche, puissante, honorée, sa prospérité égalait ses services.

Elle comptait en France 562 colléges à pensionnat et de plein exercice (1), sans compter le nombreux externat qui en suivait les cours. Égaux entre eux, à l'unité du but joignant les

(1) Ces 562 colléges donnaient l'instruction à 62,747 élèves; la population du royaume étant de vingt-cinq millions d'âmes, il y avait d'après les tables du bureau des longitudes, 1 élève sur 31 enfants mâles de 8 à 18 ans.

Aujourd'hui, nos 1374 établissements publics ou particuliers donnent l'instruction secondaire à 89,341 élèves, y compris ceux des écoles ecclésiastiques. En raison de la population actuelle de la France, la proportion est d'un élève sur 35 enfants. Sur cette base, la réduction, de 1789 à 1842, est d'un septième dans le nombre comparé des enfants recevant l'instruction secondaire.

avantages d'une indépendance réciproque, dotés de riches fondations qui leur permettaient de donner quelquefois à l'externat, toujours à de nombreux pensionnaires, le bienfait gratuit de l'instruction secondaire, ces établissements versaient sur tous les points du territoire français la lumière de l'intelligence, et concouraient tous au grand œuvre de l'émancipation morale.

Mais un jour sanglant se leva, jour de tempête et d'épouvante, dans lequel l'édifice social s'abîma tout entier. L'université, comme tous les autres asiles de la civilisation, s'écroula et disparut dans le gouffre qui avait tout englouti.

Cependant, quand l'ouragan fut passé, ceux qui avaient survécu se mirent à fouiller dans les décombres, à remuer l'antique foyer de la civilisation, pour y retrouver l'étincelle qui devait rallumer le flambeau de la société renaissante. Bientôt l'État nouveau releva l'université gisante au milieu des ruines, et lui dit :

« Tu étais riche et puissante ; à moi ta puissance et ta richesse. Tu avais d'immenses bâtiments et presque des palais : tes palais et tes bâtiments seront à moi. A moi tes dotations, à moi tes bourses, tes rentes, tes priviléges, car tu seras à moi désormais, et ainsi tout ce qui t'appartenait m'appartiendra.

« Ecoute, voici mes plans : bientôt tout ici m'obéira. Mais je ne veux pas brusquer les choses : pour n'effaroucher personne, ce n'est que peu à peu que je laisserai descendre et peser les chaînes de la servitude. Jusque là, tu resteras libre comme les autres; mais, je te le dis, bientôt tu seras mon esclave (1). Dans tes bâtiments je mettrai mes pensionnats; avec tes bourses et tes fondations, au lieu de me poser sottement, comme toi, en redresseur des torts de la fortune, j'élèverai les fils de mes serviteurs, et en récompensant le zèle du père, je m'assurerai celui des enfants. Tu avais 7,000 fondations de bourses, et tu donnais l'instruction gratuite à 40,000 élèves : c'est trop de générosité; pour éviter la criaillerie, j'accorderai d'abord 6,000

(1) Il est remarquable que la liberté de l'enseignement, la seule liberté que l'on connût avant la révolution, est la seule qui nous manque aujourd'hui.

bourses; mais bientôt je les réduirai à 1,700 (1) : c'est assez ; ne prodiguons ni l'argent ni les lumières.

« Tu seras mon esclave ; mais tu seras une esclave favorite et couronnée; je te ferai reine, tu auras des sujets et des vassaux. A toi toutes ces écoles particulières qu'il serait trop coûteux de remplacer par des colléges ; je te les livre.

« Nous leur laisserons d'abord une apparence de liberté ; nous leur promettrons même des subsides et des encouragements annuels (2);

(1) L'État ne compte que 1691 boursiers et non 1700, comme nous l'avons mis pour avoir un chiffre rond. Et encore toutes ces bourses ne sont pas entières ; elles sont pour la plupart subdivisées en demi ou quart de bourse ; de sorte que le but de l'institution est manqué.

Ce nombre de bourses royales ajouté aux 43 bourses départementales, aux 510 bourses communales, et à celles des fondations particulières qui sont au nombre de six, forment en totalité le chiffre de 2,250.

(2) « Le gouvernement encouragera l'établissement des écoles secondaires, et récompensera la bonne instruction qui y sera donnée, soit par la concession d'un local, soit par la distribution de places gratuites dans les lycées à ceux des élèves des départements qui se seront le plus distingués, et par des gratifications accordées aux 50 maîtres de ces écoles qui auront eu le plus d'élèves admis aux lycées. — »

(Loi du 11 floréal an x, art. 7.)

puis, quand nous aurons tenu une ou deux fois parole, quand nos futurs esclaves se seront suffisamment engraissés et multipliés, alors, nous aussi, nous aurons grandi en puissance; et le droit de la force, le meilleur et le plus sûr de tous les droits, nous les asservira : je te les livrerai pieds et poings liés; tu auras sur eux droit de vie et de mort; ils seront tes vassaux, pis que cela, tes serfs. Pour toi ils recruteront et prépareront les élèves : car je ferai une loi (1) qui leur défendra de garder des pensionnaires au-dessus de neuf ans, tant qu'il restera une seule place vacante dans les colléges de leur circonscription. De plus, ils (2) ne pourront recevoir un seul élève que sur le rebut de tes proviseurs. Quand tu fonderas un collége, tu pourras exercer une sorte de *presse* sur les maisons de tes esclaves, et ton collége sera peuplé.

« Si, malgré cela, la prospérité d'une école privée devient, par impossible, inquiétante pour toi, nous lui susciterons mille rivaux affamés

L'article 34 de la même loi fixe à 4,000 le nombre de places gratuites. (Voyez la note de la page 7.)

(1) Voyez l'article 108, extrait du décret de 1811.

(2) Voyez l'article 110.

qui se nourriront à ses dépens. Nul ne pourra s'établir sans notre autorisation (ce principe est nécessaire pour que notre toute-puissance soit bien constatée) ; mais nous autoriserons tout le monde : c'est le moyen d'avoir plus de sujets, et de les avoir moins redoutables. Nous ferons mieux : au lieu de fermer les établissements qui, pour échapper à notre fisc, se seront passés d'autorisation, nous encouragerons la fraude par notre tolérance. Autour des établissements sérieux pulluleront les maisons clandestines qui en dévoreront la substance ; et l'affaiblissement mutuel de nos esclaves fera la force de leurs maîtres (1).

(1) Il y avait en 1842, 102 institutions, dont 40 ecclésiastiques, contenant 8,859 élèves, et 914 pensions, dont 120 ecclésiastiques, comptant 34,336 élèves.

Voici deux passages extraits du rapport de M. Villemain, qui prouvent à la fois la facilité avec laquelle l'université concède les diplômes, et le préjudice qui en résulte pour les établissements déjà existants :

« Depuis 1830, deux résultats remarquables ont eu lieu. L'administration, tout en conservant le droit de surveillance sur les établissements particuliers, et en exigeant les garanties de moralité et de capacité prescrites par les règlements, s'étant montrée facile et impartiale dans la délivrance des diplômes d'exercice, le nombre des établissements particuliers s'est d'abord rapidement

« Du reste, comment craindre leur concurrence (1)? Nos colléges auront gratis de vastes

accru, dans un esprit tout à la fois de spéculation et de nouveauté. »

Veut-on connaître le résultat de cet accroissement? Continuons la citation.

« Généralement cet ordre d'établissements éprouve, dans la forme et dans les personnes, des mutations fréquentes. C'est souvent une entreprise passagère, dont le résultat dépend d'un homme. Lorsqu'il disparaît, rien ne reste après lui; d'autres fois, le même établissement, par des cessions successives, passe rapidement dans plusieurs mains. L'autorité universitaire délivre par an environ 160 nouveaux diplômes: ce qui porte au cinquième du nombre total la proportion des changements annuels. »

Maintenant nous ferons deux questions à l'université: Quelle est la cause de ces changements multipliés, et quel en est le résultat?

Voici la réponse que M. Kilian fait à ces deux questions.

« Si l'on considère qu'avec cette faible somme (le prix moyen des pensions), qui n'est pas même atteinte dans plus de la moitié des pensionnats, il faut que les chefs d'établissements pourvoient aux besoins de leur famille, aux frais de loyers et aux charges de pensionnat, au traitement d'un maître qui les seconde, on a peine à concevoir comment ils peuvent subvenir à toutes ces dépenses, et donner une bonne instruction et des soins convenables à leurs élèves. Cet état de choses explique le mouvement qui a lieu chaque année parmi les maîtres de pension. Plus du dixième d'entre eux sont obligés de fermer leur établissement : la plupart de ceux qui les remplacent ne peuvent parvenir à avoir des élèves, ou n'en obtiennent quelques-uns qu'en baissant leur prix de pension de manière à être hors d'état de faire face aux dépenses les plus indispensables. »

(1) Malgré les désavantages de leur position, les éta-

bâtiments dont ils n'auront pas même à payer l'entretien ni les réparations; nous mettrons tous ces frais à la charge des villes (1). Ils seront exempts d'impôt; nous leur accorderons des subventions pour payer leurs professeurs. Avec

blissements particuliers trouvent moyen, à Paris surtout, d'obtenir plus de succès dans les études que les colléges de l'État.

Nous avons la statistique des prix et accessits obtenus au concours général depuis 1830 jusqu'en 1845. En voici le résultat comparatif: sur 100 prix, 37 appartiennent aux internats, et 63 à l'externat, toute proportion de nombre gardée. Sur 100 accessits, on en compte 41 pour les internes et 59 pour les externes. La raison de cette différence, dit l'université, c'est que les chefs d'établissements particuliers font de grands sacrifices pour attirer et conserver chez eux les élèves à succès. Cela n'est vrai que de quelques-uns; mais en supposant que ce fait soit général, pourquoi l'État, qui a bien plus de bourses à sa disposition que les établissements particuliers, les distribue-t-il à d'autres qu'aux élèves pauvres et intelligents dont elles devraient être le privilége naturel. De tous les priviléges de la naissance, celui-là est à coup sûr le plus sacré dans un siècle démocratique comme le nôtre; et pourtant, c'est peut-être le seul qui soit méconnu. Les chefs d'institution font ce que l'État devrait faire. Il ne lui appartient pas de leur en faire un reproche.

(1) Outre la prestation, l'agrandissement et l'appropriation du local, les villes qui désirent posséder un collége royal doivent accepter encore l'obligation de fournir un mobilier usuel et scientifique, fixé d'avance par le conseil de l'université.

le droit de réquisition dont nous les armerons, leurs dortoirs seront toujours pleins, et, par conséquent, leur caisse aussi.

« Que si, malgré tout, leur position financière devient mauvaise, le trésor public viendra les garantir contre la mauvaise gestion, l'incapacité ou la fraude de leurs administrateurs. Si, au contraire, comme cela est probable, ils ont des excédants de recettes, ils achèteront à leur compte, des terres, des maisons, des rentes (1), tandis que leurs malheureux vassaux écrasés de loyers qui ne peuvent manquer d'être considérables, de frais de réparations qui seront

(1) Les colléges royaux étaient en 1842 au nombre de quarante-six et possédaient en rentes, loyers, fermages, un revenu propre de 212,452 fr. 50 cent.; chacun d'eux avait des rentes, sauf trois qui étaient de création récente. Les plus riches sont ceux de Louis-le-Grand: 36,301 fr. de rentes; de Henri IV : 20,540 ; de Marseille: 15,826 ; de Caen : 13,018; de Metz : 12,882; de Rouen: 11,228; de Lyon: 10,381.

En 1842, six colléges royaux étaient en déficit; c'étaient ceux de Lyon : 692 fr.; Rouen : 14,036; Avignon : 18,067; Caen : 2,929 ; Reims : 4,510 ; et Mâcon : 5,400 ; total du déficit, 46,674. fr. Néanmoins, les dépenses des 46 colléges étant déduites de leurs recettes, il reste un excédant général de recettes qui s'élève pour l'année 1842 à 426,696 fr. 15 cent. En présence de pareils bénéfices, était-ce le cas d'augmenter le taux des frais d'études?

toujours à leur charge, pressurés par l'impôt, qu'ils paieront sous toutes ses formes (et nous en ferons une sorte de Protée); n'ayant que leurs ressources propres pour subvenir aux dépenses de leur personnel, toujours poursuivis par la double crainte de ne pas assez recruter, et celle de se voir enlever leurs élèves par le collége, ne pourront nous inspirer à nous qu'une seule crainte, c'est celle de les voir trop vite et trop tôt s'anéantir. Un maître entendu ne doit pas abuser de ses esclaves jusqu'à l'épuisement des forces et de la vie.

« D'ailleurs, je l'ai dit, nous les ménagerons au commencement; nous n'augmenterons la charge que progressivement. Et d'abord nous ne les enchaînerons pas tout de suite à nos colléges; ils seront libres de n'en pas suivre les cours. Mais quant à ceux qui voudront de notre enseignement, je me garderai bien de le leur donner gratuitement, comme tu avais la duperie de le faire à Paris, en vertu de je ne sais quel contrat (1) passé entre toi et l'ancien

(1) Voyez à la fin du volume note A ce document curieux et inédit. L'université céda à l'État le revenu de

État que j'ai renversé. Le contrat est déchiré; je vendrai mon enseignement.

« Je l'établirai d'abord à bon marché, sans quoi je n'en trouverais pas le débit, les acheteurs étant libres. Mais patience : quand je serai plus fort, je ferai une loi qui forcera tout le monde à venir puiser l'enseignement chez moi, et non ailleurs (1). Vive le monopole pour le succès et la sécurité du commerce! On est sûr du placement de sa denrée; on peut à son gré en élever le prix, sans craindre la concurrence du voisin; et je n'y manquerai pas.

« Je m'attends bien à quelques murmures; on criera, mais on paiera. Si les réclamations m'importunent, au lieu de céder, j'augmenterai (2) encore mes prix; j'en serai bien le maî-

ses messageries, à condition que le vingt-huitième du produit des postes lui serait alloué; le contrat stipulait que l'enseignement serait gratuit pour l'externat dans tous les colléges de Paris. Le bon temps!

(1) Voyez les articles 101 et 102 extraits du décret du 15 novembre 1811.

(2) La loi du 3 brumaire an IV fixe le maximum des frais d'études à 25 francs; en 1809, après l'établissement du monopole, un simple arrêté, au mépris de la loi du 11 floréal an X, les éleva à 60 francs; le 16 septembre

tre, puisque nul ne pourra enseigner, hors nous et nos amis : la crainte d'ouvrir la bourse leur fermera la bouche.

« S'ils persistent, si, travaillés de cette malheureuse fièvre d'égalité que je ménage en ce moment pour la couper plus tard avec plus de succès, ils crient au monopole, au privilége ; s'ils disent que tous les établissements d'instruction secondaire doivent être placés dans des conditions égales, que l'état doit fermer ses pensionnats et se contenter d'avoir des professeurs et des chaires (1) ou bien, s'ils demandent à être régis par une autre juridiction que celle de

1845, un autre arrêté, tout aussi peu soucieux de la légalité, les fixe à 100 francs pour Paris. (Voyez la note de la page 143.)

(1) Telle était l'organisation primitive de l'université française au treizième et au quatorzième siècle : elle se contentait d'ouvrir des écoles, fréquentées par les écoliers qui, tous externes, avaient les mêmes droits et les mêmes priviléges. Cette égalité est loin d'exister aujourd'hui. C'est sur la même base, chose remarquable, que la révolution organisa les écoles centrales. Ces anciennes traditions de l'université française sont-elles destinées à revivre? Ce qui est certain, c'est que sous le régime actuel, l'égalité est impossible. Or, l'égalité est un bien plus précieux encore que la liberté; ou, pour mieux dire, ces deux biens sont inséparables; l'un ne peut exister sans l'autre.

l'université (1) ; s'ils disent, en un mot, qu'ils ne veulent pas être gouvernés, surveillés, jugés et taxés par des *concurrents* qui ont déjà sur eux tant d'autres priviléges ; s'ils ont l'audace de dire ces choses, nous étoufferons leur voix, et s'ils ont le front de nous attaquer en face, nous les flétrirons publiquement comme des esclaves révoltés (2).

(1) L'université, qui devrait être la mère de tous les établissements, n'est réellement la mère que des colléges de l'État ; pour les autres, c'est une marâtre; elle les a sacrifiés et les sacrifiera toujours à ses enfants privilégiés. Le ministre de l'instruction publique n'est point le ministre des établissements particuliers ; il les regarde comme des concurrents auxquels il doit moins protection que répression. Sans les internats, cette anomalie n'existerait point. S'ils survivent, il est nécessaire que leurs rivaux aient un protecteur plus désintéressé.

(2) « Les chefs d'institution ont réclamé par les raisons que vous savez tous. Ils font aux établissements de l'État une rude *concurrence*. Ils la font par des procédés souvent légitimes, mais pas toujours ; et ils voudraient, dans cette concurrence, que l'État leur donnât pour rien ce qu'eux ils font payer très chèrement aux familles. Voilà la question. »

C'est le 20 juin dernier que monsieur le Ministre de l'instruction publique a prononcé ces paroles à la chambre des députés. Elles empruntent une haute gravité à la bouche qui les a proférées et au lieu où elles ont retenti. Nous aimons à penser que M. le Ministre regrette autant que nous qu'elles lui soient échappées.

« Il faudra bien qu'ils s'y résignent, car nous sommes les maîtres : ils seront, quoi qu'ils fassent, et quoi qu'ils disent, régis par leurs concurrents, surveillés par leurs concurrents, jugés par leurs concurrents; par eux taxés, humiliés, flétris !

Avec tant de force d'un côté, tant de faiblesse de l'autre, je le leur demande à eux-mêmes, que pourront-ils faire? »

— Rien, hélas ! que tourner un regard suppliant vers les Chambres.

Les dispositions ajoutées aux lois et décrets par des ordonnances ou des arrêtés, sont indiquées par * ; les dérogations aux lois et décrets sont indiquées par * *.

CODE SPÉCIAL

DES

ÉTABLISSEMENTS PARTICULIERS

D'INSTRUCTION SECONDAIRE.

CHAPITRE I.

ORGANISATION DE L'UNIVERSITÉ.

TITRE I. — CONSTITUTION GÉNÉRALE DE L'ADMINISTRATION.

§ 1. Grand-Maître.

1. L'université sera régie et gouvernée par le grand-maître, qui sera nommé et révocable par nous.

(Décret du 17 mars 1808, art. 50.)

2. L'instruction publique sera dirigée par un ministre secrétaire d'État. Il exercera les fonctions de grand-maître de l'université de France, telles qu'elles sont déterminées par les lois et règlements (1).

(Ordonnance du 10 février 1828, art. 1.)

(1) Les attributions particulières du personnel administratif seront successivement énumérées dans les différents chapitres qui s'y rapportent.

§ 2. Conseil de l'université.

3. Le conseil de l'université sera composé de trente membres. Dix de ces membres, dont six choisis parmi les inspecteurs, et quatre parmi les recteurs, seront conseillers à vie, ou conseillers titulaires de l'université. Ils seront brevetés par nous.

4. Les conseillers ordinaires, au nombre de vingt, seront pris parmi les inspecteurs, les doyens et professeurs des facultés, et les proviseurs des lycées. Tous les ans, le grand-maître fera la liste des vingt conseillers ordinaires qui doivent compléter le conseil pendant l'année (1)

(Décret du 17 mars 1808, art. 69, 71, 72.)

5. Le conseil de l'université reprend sa constitution, telle qu'elle est établie au décret organique du 17 mars 1808. Il s'appelle conseil royal de l'université.

6. * L'instruction primaire sera représentée directement dans le conseil royal de l'université (2).

(1) Voyez à la fin du volume (note *B*), le résumé historique des vicissitudes qu'a subies la composition de ce conseil.

(2) Il serait à souhaiter que les dispositions ajoutées par ordonnance aux lois et décrets eussent toujours été aussi convenables et aussi utiles que celle-ci.

7. Toutes dispositions et ordonnances contraires à la présente ordonnance et au décret organique sont et demeurent abrogées.

(Ordonnance du 7 décembre 1845, art. 1, 5, 6.)

§ 3. Inspecteurs généraux.

8. Les inspecteurs généraux de l'université seront nommés par le grand-maître et pris parmi les officiers de l'université. Leur nombre sera de vingt au moins et ne pourra excéder trente.

9. Ils seront partagés en cinq ordres, comme les facultés. Ils n'appartiendront à aucune académie en particulier (1).

(Décret du 17 mars 1808, art. 90, 91.)

10. A l'avenir, les fonctions des inspecteurs généraux seront de remplir des missions spéciales dans les diverses académies, conformément aux ordres du chef de l'université.

(Ordonnance du 22 septembre 1824.)

§ 4. Conseils académiques.

11. Il sera établi au chef-lieu de chaque académie, un conseil composé de dix membres désignés par le grand-maître, parmi les officiers et fonctionnaires de l'université.

(1) Le nombre des inspecteurs généraux n'est aujourd'hui que de quatorze, appartenant presque tous à l'ordre des lettres et des sciences; depuis quelques années seulement, la faculté de droit et celle de médecine possèdent chacune un inspecteur général.

12. Les conseils académiques seront présidés par les recteurs. Ils s'assembleront au moins deux fois par mois, et plus souvent, si les recteurs le jugent convenable. Les inspecteurs des études y assisteront, lorsqu'ils se trouveront dans les chefs-lieux des académies.

(Décret du 17 mars 1808, art. 83 et 86.)

13. Dans chaque académie, le conseil sera formé tous les ans, au 1er janvier, de dix membres qui seront, conformément à l'article 85 du décret du 17 mars 1808, désignés par son excellence le grand-maître, parmi les fonctionnaires et officiers de l'académie.

(Arrêté du 26 mai 1812.)

14. * A dater de ce jour, les conseils académiques ne seront plus sujets au renouvellement annuel établi par l'arrêté du 26 mai 1812. Le nombre des membres sera ramené à dix (1) par l'effet des extinctions, en n'y comprenant pas le recteur et les inspecteurs d'académie. Il sera ajouté un membre, soit directeur de l'école normale primaire, soit inspecteur primaire, pour représenter dans les conseils le service de l'instruction primaire (2).

(Ordonnance du 7 décembre 1845.)

(1) Le nombre des membres de ce conseil était devenu tout-à-fait arbitraire.

(2) Cette disposition additionnelle est encore une de celles

§ 5. Recteurs d'académie.

15. L'université impériale sera composée d'autant d'académies qu'il y a de cours d'appel.

(Décret du 17 mars 1808, art. 4.)

16. Chaque académie sera gouvernée par un recteur (1), sous les ordres immédiats du grand-maître, qui le nommera pour cinq ans (2), et le choisira parmi les officiers d'académie.

17. Les recteurs pourront être renommés autant de fois que le grand-maître le jugera utile ; ils résideront dans les chefs-lieux des académies.

(Décret du 17 mars 1808, art. 94, 95.)

§ 6. Inspecteurs d'académie.

18. Il y aura dans chaque académie un ou deux inspecteurs particuliers qui seront chargés, par ordre du recteur, de la visite et de l'inspection des

auxquelles il ne manque, pour être excellentes, qu'une chose, la stricte légalité. Le but de cette ordonnance est pourtant le retour au régime légal.

(1) A Paris, c'est le grand-maître qui est le recteur de l'académie, en vertu de l'art. 1 de l'ordonnance du 8 avril 1824. Un arrêté du 10 avril 1824 conféra la délégation de cette partie des attributions du grand-maître à un inspecteur général qui vient d'être nommé vice-recteur par l'ordonnance du 7 décembre 1845.

(2) Cette dernière disposition n'est pas observée.

écoles de leurs arrondissements, spécialement des colléges, des institutions, des pensions et des écoles primaires. Ils seront nommés par le grand-maître, sur la proposition des recteurs.

(Décret du 15 mars 1808, art. 93.)

19. A l'avenir, nul ne pourra être nommé inspecteur d'académie, s'il n'a été reçu agrégé à la suite d'un des concours établis pour l'enseignement des colléges royaux, ou s'il n'a été nommé, avant la présente ordonnance, titulaire d'une chaire, soit dans un faculté des lettres et des sciences, soit dans un collége royal, ou s'il n'a joui antérieurement d'un titre définitif de censeur ou de proviseur.

(Ordonnance du 29 novembre 1832, art. 1 et 2)

TITRE II. — CONSTITUTION DE L'ENSEIGNEMENT.

§ 1. Organisation générale des écoles.

20. L'enseignement public dans tout le royaume est confié exclusivement à l'université.

(Décret du 17 mars 1808, art. 1.)

21. L'instruction sera donnée :

1° Dans des écoles primaires établies par les communes (1) ;

(1) Ou tenues par des instituteurs privés.

(Loi du 28 juin 1833).

2° Dans des écoles secondaires établies par les communes ou tenues par des maîtres particuliers;

3° Dans des lycées et des écoles spéciales entretenues aux frais du trésor public.

(Loi du 11 floréal an X, art. 1.)

22. Toute école établie par les communes ou tenue par les particuliers, dans laquelle on enseignera les langues latine et française, les premiers principes de la géographie, de l'histoire et des mathématiques, sera considérée comme école secondaire.

23. Le gouvernement encouragera l'établissement des écoles secondaires, et récompensera la bonne instruction qui y sera donnée, soit par la concession d'un local, soit par la distribution de places gratuites dans les lycées à ceux des élèves de chaque département qui se seront le plus distingués, et par des gratifications accordées aux cinquante maîtres de ces écoles qui auront eu le plus d'élèves admis aux lycées (1).

(Loi du 11 floréal an X, art. 6 et 7.)

(1) Ce régime de libéralité n'a pas duré longtemps. Depuis 1808, le gouvernement ne sait appliquer aux écoles privées qu'un seul moyen d'encouragement, l'impôt. Quant aux gratifications, au lieu de puiser dans le trésor public pour les leur distribuer, l'Etat les adjuge à ses propres établissements en les prélevant sur les ressources des écoles particulières.

§ 2. Bases de l'enseignement.

24. L'édit de Louis XIV, sur la déclaration faite par le clergé de France, de ses sentiments touchant la puissance ecclésiastique, donné au mois de mars 1682, et enregistré en parlement le 23 desdits mois et an, est déclaré loi générale de notre empire; duquel édit la teneur suit :

Défendons à tous nos sujets, et aux étrangers étant dans notre royaume, séculiers et réguliers, de quelque ordre, congrégation et société qu'ils soient, d'enseigner dans leurs maisons, collèges et séminaires, ou d'écrire aucune chose contraire à la doctrine contenue en icelle.

(Décret du 25 février 1810)

25. Toutes les écoles de l'université impériale prendront pour base de leur enseignement :

1° Les préceptes de la religion catholique (1) ;

2° La fidélité à l'empereur, à la monarchie impériale, dépositaire du bonheur des peuples, et à la dynastie napoléonienne, conservatrice de l'unité de la France et de toutes les idées libérales proclamées par la constitution ;

3° L'obéissance aux statuts du corps enseignant, qui ont pour objet l'uniformité de l'instruction, et

(1) La liberté religieuse subissait ainsi le même sort que celle de l'enseignement.

qui tendent à former, pour l'État, des citoyens attachés à leur religion, à leur prince, à leur patrie et à leur famille.

(Décret du 17 mars 1808, art. 38.)

TITRE III. — RÉFORME ET INTERPRÉTATION DE LA CONSTITUTION UNIVERSITAIRE.

26. D'après la proposition du grand-maître, et sur la présentation du ministre de l'intérieur, une commission du conseil de l'université pourra être admise au conseil d'État, pour solliciter la réforme des réglements et les décisions interprétatives de la loi.

(Décret du 17 mars 1808, art. 83.)

27. Nous nous réservons de réformer, et ce par des décrets pris en notre conseil, toute décision, statut ou acte émané du conseil de l'université ou du grand-maître, toutes les fois que nous le jugerons utile au bien de l'État (1).

(Décret du 17 mars 1808, art. 144.)

(1) Ces deux articles, le premier surtout, démontrent d'une manière péremptoire que les prétentions du conseil de l'université à la souveraineté en matière de règlement et d'interprétation sont très peu fondées. Auteur des décrets organiques, c'est le conseil d'état qui les interprète et les réforme ; *ejus est legem interpretari, cujus condere*. Le conseil de l'université est un premier degré de juridiction ; le conseil d'état est la cour souveraine.

CHAPITRE II.

HIÉRARCHIE ET DISTINCTIONS HONORIFIQUES.

TITRE I. — HIÉRARCHIE.

§ 1. Du rang des établissements.

28. Les écoles appartenant à chaque académie sont placées dans l'ordre suivant :

1° Les facultés pour les sciences approfondies et la collation des grades ;

2° Les lycées pour les langues anciennes, l'histoire, la rhétorique, la logique et les éléments des sciences mathématiques et physiques ;

3° Les colléges, écoles secondaires communales, pour les éléments des langues anciennes et les premiers principes de l'histoire et des sciences ;

4° Les institutions, écoles tenues par des instituteurs particuliers, où l'enseignement se rapproche de celui des colléges ;

5° Les pensions, pensionnats appartenant à des maîtres particuliers, et consacrés à des études moins fortes que celles des institutions ;

6° Les petites écoles, écoles primaires, où l'on apprend à lire, à écrire, et les premières notions du calcul.

(Décret du 17 mars 1808, art. 4.)

§ 2. Du rang parmi les fonctionnaires.

29. Les fonctionnaires de l'université impériale prendront rang entre eux dans l'ordre suivant :

RANG

D'administration.	*D'enseignement.*
1. Le grand-maître.	
2. Le chancelier.	
3. Le trésorier.	
4. Les conseillers à vie.	
5. Les conseillers ordinaires.	
6. Les inspecteurs de l'université.	
7. Les recteurs des académies.	
8. Les inspecteurs des académies.	
9. Les doyens des facultés.	
10.	Les professeurs des facultés.
11. Les proviseurs } des lycées.	
12. Les censeurs } des lycées.	
13.	Les professeurs des lycées
14. Les principaux des colléges.	
15.	Les agrégés.
16.	Les régents des colléges.
17. Les chefs d'institution.	
18. Les maîtres de pension.	
19.	Les maîtres d'étude.

(Décret du 17 mars 1808, art. 23.)

TITRE II. — DES DISTINCTIONS HONORIFIQUES.

§ 1. Décorations.

30. Il sera créé parmi les gradués fonctionnaires de l'université, des titres honorifiques destinés à distinguer les fonctions éminentes et à récompenser les services rendus à l'enseignement. Ces titres sont au nombre de trois, savoir : 1° les titulaires; 2° les officiers de l'université ; 3° les officiers d'académie.

31. A ces titres sont attachés, 1° des pensions qui seront données par le grand-maître (1); 2° une décoration qui consistera dans une double palme brodée, sur la partie gauche de la poitrine; la décoration sera brodée en or pour les titulaires, en argent pour les officiers de l'université; en soie bleue et blanche pour les officiers d'académie.

(Décret du 17 mars 1808, art. 33.)

32. Seront titulaires dans l'université impériale, dans l'ordre suivant :

1° Le grand-maître de l'université ;

2° Le chancelier ;

3° Le trésorier ;

4° Les conseillers à vie.

(Décret du 17 mars 1808, art 34.)

(1) Cette disposition n'a jamais été exécutée.

33. Seront de droit officiers de l'université, les conseillers ordinaires de l'université, les inspecteurs de l'université, les recteurs, les inspecteurs des académies, les doyens et professeurs des facultés. Le titre d'officier de l'université pourra être accordé par le grand-maître aux proviseurs, censeurs et aux professeurs des deux premières classes des lycées, les plus recommandables par leurs talents et leurs services.

(Décret du 17 mars 1808, art. 35.)

34. Le grand-maître nommera les officiers des académies et ceux de l'université.

(Décret du 17 mars 1808, art. 51.)

35. Seront de droit officiers des académies, les proviseurs, censeurs et professeurs des deux premières classes des lycées, et les principaux des colléges.

Le titre d'officier des académies pourra aussi être accordé par le grand-maître aux autres professeurs des lycées, ainsi qu'aux régents des colléges et aux chefs d'institution, dans le cas où ces divers fonctionnaires auraient mérité cette distinction par des services éminents.

36. Les professeurs et agrégés des lycées, les

régents des colléges et les chefs d'institution, qui n'auraient pas les titres précédents, porteront, ainsi que les maîtres de pension et les maîtres d'étude, le seul titre de membres de l'université.

(Décret du 17 mars 1808, art. 36 et 37.)

37. ** Les titulaires de l'université, prendront le titre de hauts titulaires de l'université. Ce titre pourra être conféré à tous ceux qui, par l'effet de leurs fonctions, sont revêtus de droit, aux termes du décret, du titre d'officier de l'université.

38. ** Le droit d'admission au titre d'officier de l'université est étendu aux aumôniers des colléges royaux, aux économes, aux principaux des colléges communaux, et aux inspecteurs de l'instruction publique.

39. * Lesdits inspecteurs de l'instruction primaire sont de droit officiers d'académie. Les sous-inspecteurs primaires peuvent être revêtus de ce titre, ainsi que les directeurs des écoles normales, primaires, et les instituteurs du degré supérieur ayant au moins dix ans d'exercice.

(Ordonnance du 9 septembre 1845, art. 1, 2, 3.)

40. ** Le titre d'officier d'académie pourra, outre les cas spécifiés en l'article 36 du décret du 17

mars 1808, être conféré aux maîtres d'étude des colléges royaux et communaux (1).

(Ordonnance du 14 novembre 1844, art. 5.)

41. Le titre d'officier d'académie pourra être maintenu à ceux qui en étaient revêtus de droit, en vertu des fonctions qu'ils cessent de remplir. Les officiers de l'université en pareil cas, conserveront leur titre de plein droit, s'il n'en est ordonné autrement par une décision spéciale. Le titre de haut titulaire restera attaché à la personne de ceux qui en auront été revêtus de droit. Il appartient, dès à présent, à ceux qui en ont été revêtus en qualité de ministres de l'instruction publique et de chefs de l'université.

(Ordonnance du 9 septembre 1845, art. 5.)

42. Tout membre de l'université, quelque fonction ou dignité dont il soit d'ailleurs revêtu, sera tenu de porter en tout temps les signes distinctifs de son grade universitaire.

(Ordonnance du 1er novembre 1820, art. 14.

(1) De cette disposition, qui en droit est contraire à l'art. 37 du décret, il résulte qu'en fait les maîtres de pension sont les seuls membres de l'université qui soient exclus des distinctions honorifiques.

§ 2. Costume.

43. Le costume commun à tous les membres de l'université sera l'habit noir, avec une palme brodée en soie bleue sur la partie gauche de la poitrine.

(Décret du 17 mars 1808, art. 128.)

44. Les officiers des académies et les simples membres de l'université, porteront la robe et la toque noires, cravate de batiste; pour les officiers des académies, chausse avec un passe poil d'hermine, et pour les membres de l'université, sans passe poil; palmes en soie bleue et blanche.

(Décret du 31 juillet 1809, art. 8)

CHAPITRE III.

OBLIGATIONS QUE CONTRACTENT LES MEMBRES DE L'UNIVERSITÉ (1).

45. Aux termes de l'article 2 de la loi du 10 mai 1806, les membres de l'université impériale, lors de leur installation, contracteront par serment les obligations civiles, spéciales et temporaires qui doivent les lier au corps enseignant.

(1) Voyez le chapitre de la juridiction disciplinaire pour les peines qu'entraîne la violation des devoirs et des obligations.

46. Ils s'engageront à l'exacte observation des statuts et règlements de l'université.

47. Ils promettront obéissance au grand-maître dans tout ce qu'il commandera, pour notre service et pour le bien de l'enseignement.

48. Ils s'engageront à ne quitter le corps enseignant et leurs fonctions, qu'après en avoir obtenu l'agrément du grand-maître, dans les formes qui vont être prescrites.

49. Le grand-maître pourra dégager un membre de l'université de ses obligations, et lui permettre de quitter le corps : en cas de refus du grand-maître, et de persistance de la part d'un membre de l'université dans la résolution de quitter le corps, le grand-maître sera tenu de lui délivrer une lettre d'*exeat*, après trois demandes consécutives, réitérées de deux mois en deux mois.

50. Celui qui aura quitté le corps enseignant sans avoir rempli ces formalités, sera rayé du tableau de l'université, et encourra la peine attachée à cette radiation (1).

(1) Cette peine s'applique aussi aux chefs d'établissements privés. Ils ne peuvent quitter leurs fonctions sans l'agrément du grand-maître. Nous citons (note *I*) le texte d'un jugement par lequel le conseil royal a condamné, le 27 novembre 1835, un maître de pension à la peine de la radiation, pour avoir quitté son établissement sans y être autorisé.

51. Les membres de l'université ne pourront accepter aucune fonction publique ou particulière et salariée, sans la permission authentique du grand-maître.

52. Les membres de l'université seront tenus d'instruire le grand-maître et ses officiers de tout ce qui viendrait à leur connaissance de contraire à la doctrine et aux principes du corps enseignant dans les établissements d'instruction publique (1).

(Décret du 17 septembre 1808, art. 39-46.)

CHAPITRE IV.

SERVITUDE DES ÉTABLISSEMENTS PRIVÉS.

TITRE I. — AUTORISATION D'ENSEIGNER.

§ 1. Demandes d'autorisation.

53. Aucune école, aucun établissement quelconque d'instruction ne peut être formé hors de l'université impériale, et sans l'autorisation de son chef (2).

(1) Cette disposition est un anachronisme ; elle convient mieux à l'inquisition qu'à l'université.

(2) La première atteinte au principe de liberté avait été portée par la loi du 11 floréal an x. Un de ses articles est ainsi conçu :

« Il ne pourra être établi d'écoles secondaires sans l'autorisation du gouvernement. »

54. Nul ne peut ouvrir d'école, ni enseigner publiquement, sans être membre de l'université impériale et gradué par une de ses facultés.

(Décret du 17 mars 1808, art. 3.)

55. Le grand-maître accordera la permission d'enseigner et d'ouvrir des maisons d'instruction aux gradués de l'université qui la lui demanderont, et qui auront rempli les conditions exigées par les règlements pour obtenir cette permission.

(Décret du 17 mars 1808, art. 54 et 55.)

56. Les chefs d'institution et les maîtres de pension ne pourront exercer sans avoir reçu du grand-maître de l'université un brevet portant pouvoir de tenir leur établissement. Ce brevet sera de dix années, et pourra être renouvelé (1). Ils se conformeront les uns et les autres, aux règlements que le grand-maître leur adressera après les avoir

La loi du 27 brumaire an III était autrement large et libérale. l'article 15 contient ce qui suit :

« La loi ne peut porter aucune atteinte au droit qu'ont les citoyens d'ouvrir des écoles particulières et libres, sous la surveillance des autorités constituées. »

Pour ce qui concerne la position des instituteurs privés et les conditions exigées d'eux sous l'ancienne université, voyez la note C. On y a réuni plusieurs détails curieux et presque inconnus.

(1) Ce renouvellement périodique du brevet a été supprimé avec le droit décennal qui y était attaché.

fait délibérer et arrêter en conseil de l'université.

(Décret du 17 mars 1808, art. 103.)

57. A compter du 1er novembre prochain, nul brevet, diplôme ou certificat de capacité, nulle autorisation pour enseigner publiquement et pour tenir une école quelconque, ne pourront être remis à l'impétrant, qu'après qu'il aura apposé sa signature, tant sur l'acte même que sur un récépissé dont le modèle est joint au présent arrêté (1).

58. Tout brevet et autre acte de même nature qui, ayant été délivré postérieurement à l'époque ci-dessus désignée, ne portera point la signature de l'impétrant, sera considéré comme non avenu, et comme ne conférant aucun droit dans l'université.

(Arrêté du 17 septembre 1821, art. 1 et 2.)

59. Les emplois de maître d'étude et de pension ne pourront être occupés que par des individus qui auront obtenu le grade de bachelier dans la faculté des lettres (2).

(1) Le but de cet arrêté est d'assurer aux titulaires d'un brevet la jouissance propre et personnelle des droits qu'il confère.

(2) Sous un régime de liberté, il serait nécessaire d'élever ces conditions qui ne sont pas, même sous le régime de l'autorisation, une garantie suffisante. Nul ne devrait pouvoir ouvrir une école secondaire sans être au moins licencié ès-lettres ou ès-sciences, suivant la nature de son enseignement.

Il serait bien temps aussi de faire disparaître cette inutile et

60. Il faudra être bachelier dans les deux facultés des lettres et des sciences pour devenir chef d'institution.

(Décret du 17 mars 1808, art. 31.)

61. L'art. 31 du décret du 17 mars 1808, qui exige le grade de bachelier ès-sciences pour les chefs d'institution, a entendu parler du grade de bachelier ès-sciences mathématiques.

(Arrêté du 25 août 1843).

62. Aucun établissement d'instruction publique ne sera autorisé avant que le recteur de l'académie n'ait fait connaître au grand-maître si l'école demandée peut nuire aux institutions déjà autorisées, et si la population de la commune l'exige (1).

(Extrait d'une circulaire du 8 mars 1811.)

insignifiante distinction que le décret établit entre les chefs d'institution et les maîtres de pension.

(1) Cette recommandation si essentielle devrait bien être observée. Aujourd'hui presque toutes les demandes d'autorisation sont admises, je dirai presque, enregistrées sans contrôle, et sans que l'administration se donne la peine d'examiner si l'établissement nouveau a quelque chance de viabilité, ou si son existence peut compromettre celle des autres établissements. Comme du reste les conditions exigées sont très faciles à remplir, et qu'il suffit d'être bachelier pour obtenir une autorisation, il en résulte que le régime actuel présente tous les inconvénients de la liberté, sans en avoir les garanties. L'administration ne se contente pas d'accorder facilement des autorisations ; elle tolère, ce qui est encore

63. Le recteur devra, à cet effet, dresser un tableau présentant l'état des institutions et pensions qui existent dans la commune ou dans les communes environnantes; la distance qu'il y a de chacune de ces communes à celle où il s'agit de former une nouvelle école ; enfin, le nombre des habitants de la commune et de la population totale de l'arrondissement.

(Extrait d'une circulaire du 12 mars 1827.)

64. Le recteur joindra à ce rapport les certificats originaux qui ont été délivrés au candidat par les autorités religieuses et civiles des communes où il a résidé, et par les chefs d'établissement où il a été employé, s'il compte déjà des services dans l'instruction publique.

65. Le recteur devra envoyer au grand-maître les renseignements suivants sur les personnes qui demanderaient une autorisation d'enseigner :

1° Ses nom et prénoms ;

2° Son âge ;

3° Le lieu de sa naissance ;

4° La nature et l'ancienneté de ses services.

Le recteur ajoutera à ces détails son opinion

bien plus dangereux, une foule de maisons qui trouvent commode de s'en passer pour échapper à la surveillance et au fisc.

personnelle sur le talent et les qualités morales du postulant.

(Extrait d'une circulaire du 8 février 1811.)

66. Lorsque celui qui sollicite un diplôme n'est pas propriétaire du local où l'école doit être placée, il est indispensable qu'il produise une copie, collationnée ou certifiée par le recteur, du bail qu'il a passé conditionnellement à l'effet de jouir dudit local, ou du moins une promesse de bail énonçant les conditions auxquelles il pourra entrer en jouissance.

(Extrait d'une circulaire du 12 mars 1827.)

67. Quand un instituteur primaire demandera l'autorisation d'avoir des élèves pensionnaires, on devra se conformer, pour l'envoi des baux et des plans de locaux, à ce qui est prescrit pour les institutions et pensions.

(Décision du 30 août 1828.)

68. La loi du 28 juin 1833 n'ayant prononcé aucune incompatibilité entre les fonctions d'instituteur communal et la profession de chef d'une école secondaire, rien n'empêche qu'un maître de pension ne soit nommé instituteur primaire communal ; le titre d'instituteur communal ne saurait soustraire le chef d'une école secondaire aux obligations qu'impose cette dernière qualité.

(Avis du 5 avril 1836.)

69. Nul chef d'un établissement d'instruction secondaire ne pourra diriger une école primaire élémentaire ou supérieure, sans être muni du brevet de capacité correspondant au degré de l'école dont il s'agit.

(Arrêté du 15 octobre 1833.)

70. Les chefs d'établissements d'instruction secondaire qui veulent annexer une école primaire à leur principale école, ne sont tenus de se munir personnellement du brevet de capacité que lorsqu'ils n'ont point de maître spécial muni de ce brevet, et reconnu instituteur primaire.

S'ils n'ont point de maître spécial dûment breveté et remplissant toutes les conditions prescrites aux instituteurs primaires, ils doivent subir l'examen et remplir personnellement toutes ces conditions.

(Arrêté du 10 janvier 1834.)

71. Deux personnes ne peuvent être autorisées comme ayant simultanément la direction d'une maison d'éducation.

(Avis du 11 juillet 1837.)

72. Les simples citoyens tenant pension pour le logement et la nourriture seulement ne peuvent admettre chez eux des répétiteurs, sans une autorisation expresse.

(Extrait d'une instruction du 3 octobre 1812.)

73. Les chefs d'institution et les maîtres de pension ne peuvent être autorisés à donner des leçons en ville, s'ils ont un pensionnat (1).

Les chefs d'externat pourront donner des leçons en ville; mais si des enfants de plusieurs familles se réunissaient pour recevoir ensemble ces sortes de leçons, ces réunions devraient être considérées comme des écoles d'externes, et il faudrait une autorisation spéciale du grand-maître.

(Extrait d'une instruction du 3 octobre 1812.)

74. Les écoles de commerce et les cours publics de mécanique et de géométrie applicables aux arts industriels doivent continuer à être autorisés par le ministre grand-maître de l'université, statuant en conseil de l'instruction publique.

Les programmes de ces établissements doiven être communiqués au conseil et approuvés par le ministre, et lesdits établissements visités par les inspecteurs de la section des sciences physiques et mathématiques et de celle des lettres.

(Avis du 23 octobre 1828.)

75. Les écoles de ce genre seront soumises à la

(1) Le motif par lequel l'auteur de l'*instruction* explique cette incompatibilité, c'est que les chefs de pensionnat se doivent tout entiers aux élèves qui leur sont confiés, et pour lesquels ils ont engagé tout leur temps et tous leurs soins.

surveillance des comités cantonnaux, comme les autres écoles primaires, sans que pour cela cette surveillance puisse s'étendre aux autres parties de l'institution ou du pensionnat.

76. Ne sont point comprises dans les dispositions des articles précédents, les classes que des chefs d'institution et maîtres de pension tiendraient pour leurs élèves internes seulement, à l'effet de les préparer à recevoir l'instruction supérieure (1).

(Arrêté du 21 août 1818, art. 1, 2, 3.)

77. Le maître de pension autorisé à tenir en même temps une école primaire, ne peut pas concourir avec les instituteurs pour les récompenses honorifiques affectées à l'instruction primaire (2).

(Décision du 17 novembre 1833.)

§ 2. * Changement de domicile.

78. Le chef d'école qui veut changer de domicile, doit s'adresser à l'inspecteur d'académie de l'arrondissement, et indiquer l'adresse précise du domicile où il a le projet de transporter son établissement.

(1) Ceci contredit l'article 97. Quoique extrait d'une simple circulaire, l'article 97 doit faire autorité ; car il est tout-à-fait conforme à la jurisprudence et à l'esprit de l'université impériale.

(2) Pourquoi cette exception?

Sur le rapport de l'inspecteur, le grand-maître prendra une décision que l'inspecteur transmettra au chef d'école.

(Circulaire du 20 novembre 1812.)

79. L'autorisation nécessaire à tout instituteur pour transférer son école dans une autre commune ou dans un autre local, devra être demandée sous peine de l'annulation du diplôme, dans le cas même où l'instituteur voudrait transporter son établissement dans un autre déjà formé.

(Arrêté du 21 octobre 1826.)

80. Les changements de domicile des instituteurs primaires qui reçoivent des pensionnaires devront être autorisés par le conseil royal, comme cela a lieu aussi pour les institutions et pensions.

(Décision du 30 août 1828.)

81. Celui qui demande l'autorisation d'ouvrir un établissement, ou de transférer son établissement dans une autre commune, doit envoyer au recteur le plan esquissé des bâtiments destinés à recevoir un pensionnat et dire le nombre d'élèves qu'ils peuvent contenir.

(Extrait d'une circulaire du 12 mars 1827.)

§ 3. * **Interruption d'exercice.**

82 Les chefs d'institution et maîtres de pen-

sion qui ont renoncé à leur titre et fermé leur établissement ne peuvent prendre un nouveau titre ou rouvrir leur école sans en avoir obtenu la permission spéciale de l'autorité supérieure.

83. Le chef d'institution qui désire se restreindre au titre de maître de pension, doit en faire la demande ; il continue d'être considéré comme chef d'institution, jusqu'à ce que sa démission ait été acceptée, et il doit remettre son ancien brevet, en recevant celui du nouveau titre qui lui est accordé.

84. Les chefs d'institution et les maîtres de pension qui ont renoncé à leur titre ne peuvent ouvrir une école primaire sans y être spécialement autorisés.

(Extrait d'une circulaire du 31 mars 1823.)

§ 4. Cession des établissements.

85. Tout traité relatif à une maison d'éducatian, soit pensionnat, soit externat, sera soumis à l'approbation du conseil royal, faute de quoi le traité ne pourra sortir aucun effet vis-à-vis de l'université, et l'instituteur qui l'aura conclu sera privé de son diplôme.

(Arrêté du 21 octobre 1826.)

86. Le recteur fera parvenir au ministre, au lieu des originaux qui doivent rester aux mains des

intéressés, les copies conformes signées par les contractants et certifiées par lui.

(Extrait d'une circulaire du 12 mars 1827.)

§ 5. **Cours publics.**

87. Désormais, aucun individu, même gradué, ne pourra faire de cours publics, sans avoir préalablement obtenu l'autorisation du grand-maître.

(Instruction du 26 février 1810.)

87 *bis*. L'autorisation est individuelle, et doit être renouvelée chaque année.

Les recteurs veillent à ce que, sous aucun prétexte, il ne soit fait aucun cours quelconque, sans l'autorisation préalable du conseil royal.

(Règlement du 11 novembre 1826, art. 193 et 194.)

88. Les classes d'adultes pourront, suivant les circonstances, être considérées comme des cours publics, et l'autorisation nécessaire pourra être accordée à des personnes qui, sans avoir précisément les titres mentionnés dans le règlement du 22 mars 1836, offriraient des garanties suffisantes (1).

(Avis du 25 août 1837).

(1) Pour les classes d'adultes, comme pour ce qui concerne les écoles primaires, nous ne pouvons, sans excéder les limites que nous nous sommes imposées, entrer dans plus de détails, et nous sommes obligés de renvoyer aux lois et règlements spéciaux.

§ 6. Exceptions.

88 *bis.* Aucun professeur de lycée ne pourra ouvrir de pensionnat, ni faire de classes publiques hors du lycée ; chacun d'eux pourra néanmoins prendre chez lui un ou deux élèves qui suivront les classes du lycée (1).

(Décret du 17 mars 1808, art. 101.)

89. Conformément à l'article 101 du décret du 17 mars 1808, les fonctionnaires d'un établissement national d'instruction publique ne pourront, sous aucun prétexte, recevoir chez eux plus de deux élèves, soit comme pensionnaires, soit comme externes (2).

(Arrêté du 18 janvier 1811.)

90. Chaque professeur n'est autorisé à prendre chez lui un ou deux élèves qu'à la charge de leur faire suivre les cours des colléges.

(Arrêté du 21 octobre 1815.)

91. ** L'instituteur primaire qui n'a qu'un petit nombre d'élèves latinistes, pourra être dispensé

(1) L'université apporte une excessive tolérance dans l'exécution de cet article ; ou, pour mieux dire, elle ne l'exécute pas ; comme en matière d'autorisation, elle ferme les yeux et laisse faire.

(2) Voyez à la note *D* le texte de cet arrêté, avec les considérants qui le précèdent.

du droit décennal (1) ; mais, pour qu'il puisse avoir droit à ce privilége, il faudra qu'il ait une classe séparée pour les élèves qui ne reçoivent que l'instruction du premier degré.

(Extrait d'une instruction du 13 août 1810.)

92. ** Lorsque, dans les campagnes, un curé ou un desservant voudront se charger de former deux ou trois jeunes gens pour les petits séminaires, ils devront en faire la déclaration au recteur de l'académie, qui veillera à ce que ce nombre ne soit pas dépassé. Ils ne paieront point le droit annuel, et leurs élèves seront exempts de la rétribution universitaire.

(Ordonnance du 27 février 1821.)

93. ** Les ecclésiastiques ne peuvent réunir d'élèves chez eux pour leur donner des leçons, ni se charger d'éducations particulières, sans faire une déclaration précise portant que leurs élèves se disposent à entrer dans les séminaires.

(Avis du 4 mars 1836.)

TITRE II. — LIMITES DE L'ENSEIGNEMENT INTÉRIEUR.

§ I.

94. Les institutions placées dans les villes qui

(1) Le droit décennal a été supprimé par la loi de financas du 23 juillet 1820. Le sens de cet article est que l'instituteur primaire peut être autorisé à recevoir quelques externes apprenant le latin.

n'ont ni lycée ni collége, ne pourront élever l'enseignement au-dessus des classes d'humanités.

95. Les pensions placées dans les villes où il n'y a ni lycée ni collége, ne pourront élever l'enseignement au-dessus des classes de grammaire et des éléments d'arithmétique et de géométrie (1).

(Décret du 15 novembre 1811, art. 15 et 16.)

96. Si les chefs d'institution se trouvent placés dans des villes qui ont un lycée ou un collége, ils ne peuvent qu'enseigner les premiers éléments qui ne font point partie de l'instruction donnée dans les lycées ou colléges, et répéter l'enseignement du collége ou du lycée pour leurs propres élèves. Les pensions ne peuvent faire que les répétitions, et encore ces répétitions ne doivent-elles comprendre que les classes de grammaire et les éléments de l'arithmétique et de la géométrie.

(Extrait d'une instruction du 26 septembre 1812.)

97. Les chefs d'institution et les maîtres de pension ont besoin d'une autorisation spéciale pour enseigner la lecture, l'écriture et les éléments de l'arithmétique (2).

(Extrait d'une circulaire du 3 octobre 1812.)

(1) Nous répétons qu'il serait préférable d'exiger les mêmes conditions de tous les chefs d'écoles secondaires et de leur donner les mêmes droits.

(2) La limite inférieure de l'enseignement secondaire se trouve

§ 2. ** Extension postérieure de ces limites.

98. Tout chef d'institution ou maître de pension pourra joindre à l'enseignement ordinaire le genre d'instruction qui convient plus particulièrement aux professions industrielles et manufacturières. Il pourra aussi se borner à cette dernière espèce d'enseignement.

99. Les élèves qui suivront les cours spécialement destinés aux professions industrielles et manufacturières, seront dispensés de suivre les classes des colléges, soit royaux, soit communaux (1).

(Ordonnance du 26 mars 1829, art. 19.)

100. Les chefs d'établissements qui voudront organiser dans leur établissement des cours d'instruction commerciale, industrielle ou manufacturière, seront tenus de donner auparavant au recteur connaissance de ce projet par une déclaration

ainsi nettement définie, mais il est plus facile d'écrire des règlements que d'en obtenir l'exécution.

(1) Cette libérale ordonnance de la restauration ouvre à l'enseignement une ère nouvelle, et doit infailliblement servir de base à la loi promise depuis seize ans. Mais il est regrettable que depuis l'empire tout dans l'instruction secondaire se fasse par ordonnance et par arrêté, et qu'au régime légal on substitue celui de l'arbitraire et du provisoire.

écrite où seront indiqués l'objet et la durée des cours projetés, ainsi que les noms des élèves qui devront les suivre.

(Extrait d'une circulaire du 10 avril 1829.)

TITRE III. — INFÉODATION AUX COLLÉGES.

§ I. — Obligation de suivre le cours des colléges.

101. Les institutions placées dans les villes qui possèdent un lycée ou un collége, ne pourront qu'enseigner les premiers éléments qui ne font pas partie de l'instruction donnée dans les lycées ou colléges, et répéter l'enseignement du collége ou lycée pour leurs propres élèves, lesquels seront obligés d'aller au lycée ou collége, et d'en suivre les classes (1).

102. Dans les villes qui possèdent un lycée ou collége, les pensions ne pourront que répéter les leçons du lycée ou du collége, jusqu'aux classes

(1) L'obligation de suivre les cours du collége n'est point, comme pourrait le faire croire le despotisme de l'injonction, une invention impériale. Voyez à la fin du volume (note *E*) les statuts de 1598. A ces documents, on a ajouté la circulaire du 10 novembre 1810, qui les rappelle, et qui cherche à justifier cette mesure.

de grammaire, et aux éléments de l'arithmétique et de la géométrie inclusivement.

Elles devront envoyer leurs élèves au lycée ou collége.

(Décret du 15 novembre 1811, art. 15 et 16.)

103. Les externes des pensions et institutions sont assujettis, comme les pensionnaires, à suivre les cours des colléges.

(Décision du 2 novembre 1816.)

104. Les chefs d'institution et les maîtres de pension doivent envoyer aux classes de l'établissement public tous les élèves en état de suivre la sixième.

(Extrait d'une instruction du 26 septembre 1812.)

105. Des exemptions pourront être accordées aux écoles placées à une trop grande distance de l'établissement national, ou séparées de lui par des chemins impraticables.

(Extrait d'une circulaire du 12 octobre 1810.)

106. Les chefs d'institution et maîtres de pension établis dans l'enceinte des villes où il y a des colléges royaux ou des colléges communaux, sont tenus d'envoyer leurs pensionnaires comme externes aux leçons desdits colléges (1).

(Ordonnance du 17 février 1815, art. 44.)

(1) Cette obligation, comme cet article et le suivant le démontrent, a été ratifiée par tous les gouvernements qui se sont succédé.

107. D'après les articles 15, 16 et 22 du décret du 15 novembre 1811, dans les villes où il existe un collége royal ou communal, les élèves des institutions et pensions âgés de plus de dix ans, doivent être conduits aux classes du collége. Comme il n'existe aucune dérogation légale aux prescriptions du décret précité, les recteurs veilleront à leur exécution. L'intérêt des bonnes études l'exige impérieusement.

(Circulaire du 12 octobre 1838.)

§ 2. Défense de recevoir des pensionnaires au-dessus de neuf ans.

108. A compter du 1er novembre 1812, les chefs d'institution et les maîtres de pension ne pourront avoir de pensionnaires, à demeure dans leurs maisons, au-dessus de l'âge de neuf ans, qu'autant que le nombre des pensionnaires que peut recevoir le lycée ou le collége établi dans la même ville ou dans la résidence du lycée, se trouverait au complet.

109. A cet effet, le nombre des pensionnaires que peut recevoir le lycée ou collége sera constaté par le préfet, sur le rapport du proviseur ou du principal, et le procès-verbal en sera transmis au grand-maître de l'université.

110. Les chefs d'institution et les maîtres de pen-

sion ne peuvent, en conséquence, recevoir des élèves à demeure au-dessus de l'âge de neuf ans, que dans le cas où le proviseur ou le principal déclarerait que le nombre d'élèves déterminé par l'article ci-dessus est au complet, et que l'élève serait porteur de cette déclaration (1).

111. Dans les villes où il y a un lycée ou collége, les élèves des institutions ou pensions au-dessus de l'âge de dix ans, seront conduits par un maître aux classes des lycées ou colléges.

(Décret du 15 novembre 1811, art. 17, 18, 19, 22.)

112. Les chefs d'institution et les maîtres de pension ne peuvent recevoir comme pensionnaires ou demi-pensionnaires des enfants au-dessus de neuf ans qui n'étudieraient pas le latin (2).

(Extrait d'une instruction du 2 octobre 1812.)

(1) Ces articles du décret de 1811 sont curieux. En fait de monopole, c'est le beau idéal du genre. L'empereur ne voulait considérer les écoles privées que comme des espèces de réservoirs destinés à alimenter les internats de l'État et à en recevoir le trop-plein. Nous ne pensons pas que cette partie du décret ait jamais reçu exécution. Ce qui démontre assez plaisamment l'impossibilité absolue d'un pareil régime, c'est que ces articles sont aujourd'hui totalement inconnus, et que plusieurs universitaires ont refusé de croire à leur existence, jusqu'à ce qu'ils les aient lus de leurs propres yeux.

(2) Cette instruction ajoute encore aux tyranniques exigences du décret de 1811.

TITRE IV. — SOUMISSION A LA DISCIPLINE UNIVERSITAIRE.

113. A compter de la prochaine rentrée des classes, tous les élèves reçus dans les institutions ou pensions porteront l'uniforme des lycées, à peine de clôture des établissements. Les inspecteurs feront les visites nécessaires pour s'assurer de l'observation de cette discipline.

(Décret du 15 novembre 1811, art. 21.)

114. ** Les élèves externes sont vêtus décemment; l'uniforme des internes leur est interdit (1).

(Statut du 4 septembre 1821, art. 100.)

115. Les uniformes adoptés dans les maisons particulières d'éducation, ne doivent jamais être semblables, soit aux uniformes de l'armée, soit aux uniformes des écoles spéciales, et aucun signe distinctif de grade en usage dans l'armée ou dans ces écoles ne doit jamais être donné aux élèves.

(Décision du 15 juillet 1836.)

116. Sont applicables à tous les colléges, institutions, pensions et autres écoles, les articles du statut sur la police des lycées dont la teneur suit :

(1) Un statut dérogeant à un décret n'a aucune espèce de valeur. Ainsi les externes sont encore aujourd'hui légalement obligés de prendre l'uniforme de l'internat.

« 1° La sortie du lycée est interdite aux élèves, à moins qu'ils n'en obtiennent la permission du proviseur (principal ou chef d'école) qui les fera accompagner.

« 2° Les élèves ne peuvent être confiés qu'à leurs parents ou aux fondés de procuration de leurs parents.

« 3° Les élèves n'auront de correspondance qu'avec leurs parents ou avec les personnes chargées de la procuration de leurs parents qui mettront le contreseing sur la lettre.

« 4° Les lettres des élèves seront remises au censeur (le principal ou chef d'école), ainsi que l'argent qu'ils voudront donner à leurs enfants pour leurs menus plaisirs.

« 5° Aucun ouvrier ne pourra être employé par les élèves sans avoir été agréé par le proviseur (principal ou chef d'école).

« 6° Les journées et les repas commenceront et finiront par une prière faite en commun. On fera des lectures pendant les repas.

« 7° Les leçons d'armes et d'arts d'agrément seront prises pendant les récréations.

« 8° Après la prière du soir, les élèves seront conduits en ordre dans le dortoir où les maîtres les feront aussitôt coucher.

« 9° Les maîtres ne se coucheront qu'après s'être assurés que chaque élève est dans son lit.

« 10° Les classes vaqueront tous les jeudis, tous les dimanches et les jours de fêtes conservées par le concordat.

« 11° Les élèves ne pourront aller en vacances que chez leurs parents ou le fondé de procuration de leurs parents, sur la demande positive des parents ou du fondé de procuration, et sous la conduite d'une personne indiquée par eux. Ils seront tenus d'être rentrés au lycée (collége ou école) la veille de l'ouverture des leçons.

« 12° L'entrée de l'infirmerie sera interdite aux élèves en bonne santé, à moins d'une permission du proviseur (principal ou chef d'école).

« 13° Tout élève doit être vacciné avant d'être admis dans le pensionnat. Ainsi le proviseur (principal ou chef d'école) enverrait à l'infirmerie, à cet effet, l'élève qui n'aurait pas été vacciné.

« 14° Aucun élève n'aura de chambre séparée.

« 15° Les élèves des différents âges seront séparés dans les dortoirs, les promenades et les récréations.

« 16° Les personnes du dehors ne peuvent parler aux élèves que dans le temps de la récréation.

« 17° Tous les jeux et exercices dangereux, tous

les jeux de cartes et de hasard sont interdits. Il est également défendu d'exposer de l'argent à quelque jeu que ce soit.

« 18° Tout propos injurieux ou indécent sera rigoureusement puni.

« 19° L'introduction de toute arme et celle de la poudre à tirer, même en artifice, est interdite.

« 20° Toute espèce de prêt et d'échange entre les élèves ne pourra avoir lieu qu'avec la permission de leurs maîtres d'étude respectifs. »

117. Les principaux de colléges, chefs d'institutions, maîtres de pension et tous les chefs d'écoles, de quelque espèce qu'elles soient, sont responsables de l'exécution de ces dispositions.

(Arrêté du 11 janvier 1812.)

118. L'article 57 du même statut est également applicable aux écoles privées. Il est conçu en ces termes :

« Les sorties ne pourront avoir lieu que deux fois par mois, les jours de congé, après l'exercice du matin, et seront la récompense de la bonne conduite et des progrès des élèves. »

(Circulaire du 18 mars 1812.)

119. L'article 95 du statut du 4 septembre 1821, concernant les élèves des colléges, sera appliqué aux élèves des institutions et des pensions.

Les chefs d'institution et les maîtres de pension seront responsables des désordres qui résulteraient de l'inexécution de cet article qui est ainsi conçu :

« 1° Les élèves sont tenus d'être rentrés à sept heures en hiver et huit heures en été (1).

« 2° Ils sont ramenés par leurs parents ou par des personnes de confiance.

« 3° Un élève revenu seul est privé de la sortie suivante, ou même de plusieurs sorties, selon les circonstances.

« 4° Les proviseurs prennent au surplus, avec l'agrément des recteurs, les mesures convenables pour prévenir les abus qui pourraient résulter des sorties. »

(Arrêté du 27 mars 1830.)

120. Les punitions qui peuvent être infligées aux élèves internes (2), suivant la gravité des fautes qu'ils ont commises, sont :

1° La privation de la totalité ou d'une partie des récréations, avec tâche extraordinaire.

2° La privation de la promenade, avec tâche extraordinaire.

(1) Par une circulaire en date du 30 sept. 1845, M. de Salvandy a essayé de remettre en vigueur cet arrêté dont le premier article aurait besoin d'être modifié pour être possible. Il n'est pas même exécuté dans les colléges.

(2) L'art. 125 les rend applicables aux externes.

3° La table de pénitence, avec privation du second plat.

4° La défense d'aller voir leurs parents, ou même de recevoir leur visite au collége.

5° La prison, qui sera une chambre suffisamment éclairée, facile à surveiller, où l'élève aura toujours à faire une tâche extraordinaire.

6° La privation de l'habit de collége. Cet habit sera remplacé par un vêtement d'une forme particulière ; l'élève ainsi vêtu occupera une place à part dans la classe et dans la salle d'étude, et à tous les moments de la journée.

7° La privation de vacances, en tout ou en partie.

8° L'exclusion du collége.

121. La tâche extraordinaire est réglée de manière qu'elle soit utile à l'instruction de l'élève. Elle consiste principalement à apprendre des morceaux de prose ou de vers indiqués par le fonctionnaire qui aura prononcé la punition.

122. Le proviseur seul peut prononcer les quatre dernières punitions. Les autres peuvent être prononcées par le censeur, les professeurs et les maîtres d'étude.

123. Les élèves privés de récréation et ceux qui sont retenus pendant les promenades, sont réunis

dans une salle, sous la surveillance particulière d'un maître d'étude.

124. Dans le cas où un élève aurait mérité d'être exclu du collége, il serait séquestré en attendant qu'il fût remis à ses parents. Le proviseur rend compte au recteur des motifs de l'exclusion.

125. Les élèves externes peuvent être condamnés par le proviseur, par les professeurs et par le censeur, à subir celles des punitions ci-dessus qui leur sont applicables.

126. Dans le cas où un maître d'étude aurait à se plaindre d'un externe, il en ferait son rapport au censeur, qui ordonnerait la punition convenable.

(Statut du 4 septembre 1821, ch. 2, § 7.)

127. Rien n'empêche d'appliquer la peine de la prison aux élèves externes, comme aux élèves internes, et il doit être établi, à cet effet, une classe particulière pour les uns et pour les autres, sauf au proviseur et au censeur, en cas d'application de cette punition à des élèves externes, à informer les maîtres de pension, ou les parents, de la retenue extraordinaire imposée auxdits élèves.

(Arrêté du 25 août 1837.)

—

CHAPITRE V.

RAPPORTS AVEC LES FONCTIONNAIRES DU COLLÉGE, ET ORDRE DES CLASSES.

§ 1. Admission des Élèves.

128. Nul n'est reçu comme pensionnaire s'il ne sait lire et écrire, et comme externe, s'il ne sait lire, écrire et chiffrer.

129. Aucun externe ne peut être admis à suivre les cours du collége sans avoir obtenu l'autorisation du proviseur. Si le proviseur a des raisons particulières pour ne pas admettre un externe, il en rend compte au recteur.

130. Les externes admis par le proviseur reçoivent du censeur une carte d'entrée qui désigne leur classe et qui est renouvelée aux époques fixées par les conseils académiques.

131. Lorsqu'un élève se présente pour entrer dans un collége, soit comme interne, soit comme externe, il est tenu de produire les certificats des chefs des divers établissements dans lesquels il aurait déjà été reçu. Ces certificats doivent être visés par les recteurs.

(Statut du 4 septembre 1821, art. 73, 74, 75 et 76.)

132. Les élèves externes, qui ne justifieraient

pas par un certificat en bonne forme, ou qu'ils ont eu la petite-vérole, ou qu'ils ont été vaccinés, seront tenus de se faire vacciner sur-le-champ; en cas de refus ils ne seront point admis au collége, et ne pourront plus se présenter qu'ils n'aient satisfait à l'ordre prescrit.

(Extrait d'une circulaire du 12 septembre 1819 et du 6 juin 1817.)

133. Les élèves externes sont vêtus décemment.

134. On veille particulièrement à ce que les externes n'apportent jamais dans le collége d'autres livres que ceux des classes.

135. Il leur est expressément défendu de faire une commission quelconque pour les internes.

136. Les élèves des institutions et pensions sont conduits au collége par des maîtres de ces maisons, qui ne les quittent qu'à leur entrée en classe, et les reprennent à leur sortie.

137. Les maîtres des institutions et des pensions présentent, soir et matin, au professeur, la feuille sur laquelle sont inscrites les notes des répétiteurs, soit pour les devoirs, soit pour les leçons.

138. Lorsqu'un externe sait d'avance qu'il aura des raisons légitimes pour s'absenter, il demande l'agrément de son professeur.

139. Dans tous les cas où un externe ne se rend pas en classe, le professeur en donne avis au censeur, qui en prévient aussitôt les parents ou les instituteurs, et prend les mesures nécessaires pour s'assurer des raisons de cette absence (1).

Il fait son rapport au proviseur.

140. Le professeur peut exclure provisoirement un externe de sa classe. Le proviseur peut seul prononcer l'exclusion définitive.

(Statut du 4 septembre 1821, chap. 2, § 5.)

141. Quant aux externes qui auraient mérité d'être exclus d'un collége, il en sera rendu compte au recteur dans les vingt-quatre heures, et ils ne pourront être admis dans un autre collége ou établissement de l'université, qu'en vertu d'une autorisation spéciale délivrée par le recteur, qui pourra, s'il y a lieu, en référer au ministre.

(Ordonnance du 28 août 1827, art. 5.)

142. Il est recommandé au proviseur de s'informer de la conduite et de la santé des élèves externes, et particulièrement de ceux qui n'ont point leurs parents dans cette ville.

A cette fin, chaque élève fait connaître au pro-

(1) Cette mesure, qui est essentielle, ne s'exécute pourtant pas partout.

viseur sa demeure, et les noms et professions de ceux chez qui il est logé.

(Statut du 4 septembre 1821, art. 107.)

§ 2. Des professeurs et des classes.

143. Pendant la classe les élèves sont spécialement soumis à l'autorité des professeurs.

144. Si le professeur se trouve dans le cas d'infliger à quelque élève une des punitions autorisées par les règlements de l'université, mais qui doivent être subies hors de la classe, il en préviendra le censeur pour qu'il en assure l'exécution.

145. Un professeur qui désirera exercer ses élèves hors du temps fixé pour la classe, s'entendra à cet égard avec le censeur, qui prendra l'agrément du proviseur.

(Règlement du 19 septembre 1809, art. 14 et 17.)

146. Les professeurs n'oublient jamais qu'ils doivent des soins égaux à tous leurs élèves. Ils examinent attentivement les rapports que les maîtres d'étude, et les chefs d'institution ou les maîtres de pension leur adressent, matin et soir, sur la manière dont chaque élève a rempli son devoir.

Chaque professeur remet, tous les samedis, au

censeur, des notes sur la conduite et le travail des élèves qui lui son confiés.

147. Les professeurs tiennent les élèves internes séparés des externes. Ils séparent même les externes entre eux, de manière que les élèves du même pensionnat se trouvent ensemble, autant que cela est possible.

148. Les professeurs font composer les élèves une fois par sem aine ; la composition a toujours lieu le mardi matin. Tous les élèves restent dans la classe jusqu'à la fin de la composition. Les places sont données le samedi suivant, en présence du proviseur et du censeur. Les six premiers élèves sont placés sur un banc particulier, qui s'appelle le banc d'honneur (1).

149. Dans chaque collége, il y a deux classes par jour ; chaque classe est de deux heures, excepté les jours de composition, où la durée de chaque classe est prolongée d'une demi-heure.

(Règlement du 4 septembre 1821, art. 143.)

150. Il y aurait inconvénient grave à étendre la durée du temps des compositions. dans le cours de l'année, au delà du temps fixé par les règle-

(1) Toutes ces dispositions ne sont pas assez rigoureusement exécutées.

ments. Il en résulterait une perturbation du temps des études, qui nuirait aux devoirs ordinaires de la classe (1).

(Décision du 18 septembre 1838.)

151. L'élève qui a obtenu la première place, reçoit du censeur une décoration qu'il porte pendant huit jours. Il remet au proviseur la liste des places signée du professeur.

Les copies de chaque composition sont remises au proviseur après la distribution des places.

152. Dans chaque classe on affiche la liste des élèves dans l'ordre des places qu'ils ont obtenues à chaque composition ; les noms des six premiers de chaque classe sont inscrits sur un relevé général de toutes les listes, qui demeure affiché dans le parloir.

(Règlement du 4 septembre 1821, art. 143)

153. Chaque classe, excepté la rhétorique, doit être divisée en deux sections, lorsque le nombre des élèves excède soixante ; le proviseur fait

(1) Cet article n'est pas exécuté et ne peut l'être. Deux heures et demie ne suffisent pas à la composition et à la transcription d'un discours. Seulement il serait bien à désirer que cette prolongation indispensable fût réglementée, et que la durée n'en dépendît pas de la volonté de chaque professeur. Il n'y a pas d'ordre sans unité, ni d'unité sans règle.

cette division, et a soin que les élèves forts et les élèves faibles soient répartis également (1).

(Réglement du 4 septembre 1821, art. 139.)

154. Le nombre des élèves sera partagé par le proviseur entre les deux professeurs, de façon, 1° qu'ils aient toujours chacun, dans leur classe, un égal nombre d'externes; 2° que l'agrégé professeur n'ait jamais, dans sa classe moins de vingt-cinq élèves; 3° que l'un et l'autre professeurs aient, autant qu'il sera possible, des élèves d'une égale force qui puissent concourir ensemble, soit pendant l'année, soit pour la distribution des prix. Au-dessus de quatre-vingts élèves, les pensionnaires, comme les externes, seront partagés également.

(Statut du 19 janvier 1816, art. 4 et 5.)

155. Le nombre des divisions, dans les classes

(1) Malgré ce règlement, qui est fort sage, la rhétorique a été dernièrement dédoublée dans deux collèges royaux de Paris. Cette mesure, qui est excellente dans les classes de grammaire, n'a jamais produit de bons résultats dans celle de rhétorique. A cet âge, les jeunes gens ont moins besoin de soins individuels que de cet intérêt, de cet entrain qui naît du nombre même des élèves. La rhétorique est une sorte de transition entre la classe et le cours de faculté. Or dans les cours publics l'attention des auditeurs croît en raison de leur nombre, et cette influence du nombre agit encore bien plus puissamment sur la verve du professeur.

élémentaires, sera réglé de telle sorte qu'il n'y ait jamais plus de trente élèves par division. Le temps que les élèves passeront dans chaque division dépendra de leurs progrès; le même élève pourra, dans l'espace d'une seule année, parcourir plusieurs divisions.

156. La division desclsasse èl émentaires qui correspond à la septième, sera, autant que possible, confiée à un agrégé.

157. Dans toutes les divisions des classes élémentaires, les cinq classes du matin seront consacrées aux langues française et latine; des cinq classes du soir, trois seront consacrées de même aux langues française et latine. Deux seront consacrées à l'histoire sainte, à la géographie et au calcul.

(Arrêté du 19 janvier 1830.)

158. Les dispositions disciplinaires du statut du 4 septembre 1821 seront appliquées de telle sorte, qu'un élève ne soit jamais privé d'assister aux leçons d'un professeur, hormis le cas où il serait immédiatement exclus d'une classe pour en avoir troublé l'ordre.

(Arrêté du 27 janvier 1833.)

—

§ 4. Passage des élèves dans les classes supérieures.

159. Tous les élèves sont tenus de suivre toutes les parties de l'enseignement de leurs classes respectives; ceux qui ne les ont point suivies exactement, ne sont point admis au concours pour les prix à la fin de l'année, et ne peuvent passer à une classe supérieure.

(Règlement du 4 septembre 1821, art. 132.)

160. A la fin de l'année scolaire, il sera dressé, dans toutes les classes des colléges royaux et des colléges communaux de plein exercice, une liste des élèves de chaque classe ou division de classe par ordre de mérite.

161. Cette note sera formée d'après les notes et les places obtenues par les élèves dans chaque classe, y compris les compositions de la fin de l'année, pour la valeur qui leur est attribuée par les règlements.

162. A partir de la sixième inclusivement, les élèves qui ne seront pas compris dans les trois premiers quarts de la liste de mérite précitée, ne pourront être admis dans la classe immédiatement supérieure, avant d'avoir subi un examen, qui constate leur aptitude à suivre utilement ladite classe

163. Ces examens d'admissibilité auront lieu pendant la première semaine, à dater du jour de

la rentrée des colléges, aux heures ordinaires des classes, en présence de tous les élèves de la classe ou division. Ils seront faits dans chaque classe par le professeur ou agrégé divisionnaire.

164. Dans les chefs-lieux académiques, le recteur assistera auxdits examens, avec le concours des inspecteurs d'académie, du proviseur et du censeur des études.

Dans les colléges royaux, autres que ceux des chefs-lieux académiques, un inspecteur sera délégué pour assister aux examens, avec le concours du proviseur et du censeur des études.

165. Dans les colléges de Paris, les examens auront lieu, avec le concours du proviseur, du censeur des études et d'un délégué spécial du ministre.

Le proviseur et le censeur des études se partageront les diverses classes.

Le délégué du ministre s'assurera que les examens se font dans toutes les classes avec la sévérité convenable.

166. Tout élève qui, d'après le résultat de l'examen, ne sera pas jugé capable de suivre utilement le cours pour lequel il se présente, sera replacé dans la classe inférieure.

167. Chaque professeur dressera un procès-

verbal de l'examen, avec ses propositions motivées.

Le proviseur joindra ses observations, le délégué du ministre un rapport spécial, et le recteur prononcera. Le résultat définitif de ces diverses opérations sera transmis au ministre.

168. Tout élève porté sur la liste prescrite par l'article 160; et qui, pour motifs légitimes, aurait obtenu l'autorisation de ne rentrer au collége qu'après l'ouverture des cours, devra satisfaire à l'épreuve ci-dessus prescrite.

Tout élève venant du dehors, qui, soit au commencement, soit dans le cours de l'année scolaire, se présenterait pour être reçu dans une classe, devra, indépendamment des certificats exigés par l'article 76 du statut du 4 septembre 1821, subir un examen spécial d'admission.

Dans l'un et l'autre cas, l'examen aura lieu devant le professeur ou agrégé, avec le concours du proviseur et du censeur des études.

169. Le présent arrêté sera applicable dans tous les colléges royaux et dans les colléges communaux de plein exercice, à partir de la prochaine rentrée des classes (1).

(Arrêté du 22 septembre 1840.)

(1) Cet arrêté dont la rigoureuse application est nécessaire aux

170. A l'avenir, les élèves qui, d'après le vœu de leurs parents ne sont pas destinés à prendre des grades dans les facultés, pourront, après avoir achevé leur troisième, être admis aux cours de mathématiques élémentaires et aux cours correspondants de physique et de chimie.

171. Nul élève ne sera admis en philosophie qu'après avoir suivi, pendant une année entière le cours de rhétorique.

(Arrêté du 6 mai 1836.)

172. Tout élève de philosophie et de rhétorique qui se retirera avant la clôture des classes, ne pourra être considéré comme ayant terminé son cours. En conséquence aucun certificat ne lui sera délivré par le proviseur ou par les professeurs.

173. Il est également défendu aux élèves des autres classes de quitter le collége avant les vacances, sous peine de n'être pas admis l'année suivante à la classe supérieure.

174. Le proviseur seul est autorisé à déterminer les cas d'exception, et à donner des dispenses (1).

(Arrêté du 6 juin 1816).

progrès, au travail même des élèves, n'est pas exécuté, à Paris du moins.

(1) Voilà encore un arrêté qui n'est jamais exécuté; et cependant l'application en serait bien utile. Mais on n'a pas tout fait

CHAPITRE VI.

PLEIN EXERCICE.

§ 1. Régime du plein exercice.

175. Les maisons particulières d'éducation qui auront mérité la confiance des familles, tant par leur direction religieuse et morale que par la force de leurs études, pourront, sans cesser d'appartenir à des particuliers, être converties par le conseil royal en collèges de plein exercices, et jouiront à ce titre des privilèges accordés aux collèges royaux et communaux.

176. Ces collèges seront soumis à la rétribution universitaire, et demeureront sous la surveillance de l'université, pour ce qui concerne l'instruction. Leurs professeurs ne pourront exercer leurs fonctions que lorsqu'ils auront obtenu au concours le titre d'agrégés.

177. Les collèges particuliers ne pourront point recevoir d'élèves externes dans les villes où il existe des collèges royaux et communaux ni même dans les autres, sans une autorisation spéciale (1).

(Ordonnance du 27 juin 1821.)

quand on a rendu un arrêté; il reste à le faire exécuter, ce qui paraît plus difficile, dans l'université surtout.

(1) Cette ordonnance royale qui admet dans une certaine mesure, le principe de liberté, a le malheur de se trouver en oppo-

178. Le titre de collége de plein exercice ne pourra être demandé pour un établissement particulier d'éducation, qu'autant que cet établissement comptera au moins dix années consécutives d'existence régulière, sous l'autorité et la surveillance de l'université, et que les objets compris dans l'enseignement des colléges royaux, soit pour les sciences, soit pour les lettres, auront été enseignés ou répétés dans ledit établissement pendant cinq ans au moins.

179. Toute demande de ce genre devra être accompagnée :

1° D'un plan de la maison et dépendances, assez

sition flagrante avec les décrets constitutifs de l'université, et par conséquent entachée d'illégalité. Les décrets sont formels : tous les établissements, quels qu'ils soient, sont obligés, sous peine de clôture, d'envoyer leurs élèves au collége (art. 101.) On n'admet d'exception que pour l'impossibilité, c'est à-dire pour les maisons qui sont situées dans les campagnes, séparées du collége par une trop grande distance, ou par *des chemins impraticables*. Tant que le décret de 1811 sera reconnu loi de l'Etat, comme il l'a été par des arrêts de cours royales (note *F*), et par la cour de Cassation, tant qu'il ne sera pas rapporté par une décision dont la valeur législative soit équivalente à la sienne, c'est-à-dire par une loi, il est certain que l'existence des établissements de plein exercice qui se trouvent dans l'enceinte des villes, est contraire à la légalité.

détaillé, pour qu'on puisse juger si le local, est suffisant et convenablement disposé ;

2° D'un acte authentique qui prouve que la maison appartient réellement au chef qui sollicite pour son établissement le titre de collége, ou que la jouissance lui en est assurée pendant au moins sept ans ;

3° D'une copie certifiée des règlements intérieurs de l'établissement.

180. Cette demande sera adressée au recteur de l'académie, et par lui soumise à la discussion du conseil académique.

181. Le recteur adressera au conseil royal le procès-verbal de la délibération du conseil académique ; il y joindra son avis motivé.

182. Le procès-verbal de la délibération du conseil académique contiendra textuellement le rapport de l'inspecteur qui aura été chargé de visiter la maison, et d'en rendre compte sous le double point de vue de la force des études et de la direction morale et religieuse.

183. La maison qui aura obtenu le titre de collége particulier de plein exercice, n'entrera en jouissance de ce titre et des priviléges qui y sont attachés, que sur une attestation délivrée par le recteur de l'académie, qui constatera que tous les

maîtres chargés de l'enseignement dans cette maison sont pourvus du titre d'agrégés.

184. Les chefs des colléges particuliers porteront le titre de directeurs; ils sont de droit officiers des académies.

185. Nul ne pourra être directeur d'un collége particulier, s'il n'a préalablement obtenu le grade de licencié dans les lettres, et celui de bachelier dans les sciences.

186. Les colléges particuliers seront, comme les autres colléges, visités par les inspecteurs des académies, par les recteurs et par les inspecteurs généraux qui en rendront un compte distinct et détaillé en ce qui concerne les études et la discipline.

187. Si un directeur juge à propos de faire de nouveaux règlements propres à son établissement, ces règlements ne pourront être mis à exécution qu'autant qu'ils auront été approuvés par le conseil royal de l'instruction publique.

188. Tout collége particulier qui, sans avoir obtenu l'autorisation spéciale, recevrait des élèves externes, encourrait par ce fait seul la privation de son titre.

189. Les directeurs des institutions converties

en colléges particuliers, continueront d'être assujettis au droit annuel.

190. La concession du titre de collége particulier étant essentiellement fondée sur les titres personnels que le directeur peut avoir à l'estime et à la confiance du conseil royal, cette concession sera également propre et personnelle au directeur qui l'aura obtenue. En cas de mutation par mort, démission ou autrement, cette concession cessera de plein droit au bout d'un an, si, dans cet espace de temps, elle n'a été accordée de nouveau par le conseil royal.

191. Les colléges particuliers qui seront autorisés dans la ville de Paris, seront tenus de prendre part, comme les autres colléges, aux exercices qui précéderont la distribution générale des prix.

(Statut du 28 août 1821.)

§ 2. Position des professeurs.

192. Tout agrégé qui n'est pas actuellement employé dans un établissement public de l'université, et qui désire entrer dans un collége particulier, adresse, à cet effet, sa demande au conseil royal, qui lui accorde l'autorisation nécessaire; il cesse dès lors de toucher le traitement d'agrégé.

193. Tout agrégé qui, étant actuellement em-

ployé dans un établissement public de l'université, ou tout élève de l'école Normale qui, avant d'avoir servi dix ans dans l'instruction publique, désirerait entrer dans un collége particulier, adresse aussi sa demande au conseil royal, qui, suivant qu'il le juge à propos, accorde ou refuse l'autorisation.

194. Les agrégés que le conseil royal a autorisés à accepter de l'emploi dans un collége particulier, cessent par là même d'être à la disposition de l'université. Ils peuvent néanmoins, s'ils quittent les colléges particuliers, être appelés à remplir des fonctions dans les établissements publics de l'université, suivant que le conseil royal le juge convenable.

195. En ce qui concerne leur qualité d'agrégés, les maîtres employés dans les colléges particuliers restent soumis à la juridiction universitaire.

196. Les directeurs des colléges particuliers adressent au conseil royal, chaque année, avant le 1er septembre, un état qui contient les noms de tous les maîtres employés dans leurs établissements, leurs prénoms, le lieu et la date de leur naissance, les fonctions dont ils sont chargés, et des notes sur leur conduite.

(Arrêté du 2 avril 1822.)

197. Les censeurs, professeurs et agrégés divisionnaires qui abandonneraient le service des colléges royaux pour entrer dans un collége particulier, ouvrir ou diriger une institution ou pension, ou pour tout autre motif d'intérêt privé, ne pourront, s'ils rentrent dans les colléges royaux, se prévaloir de leurs services antérieurs pour obtenir l'augmentation du traitement autorisée par l'art. 9 de l'ordonnance du 26 mars 1829 (1).

(Arrêté du 23 août 1842, art. 5.)

CHAPITRE VII.

ÉCOLES ECCLÉSIASTIQUES (2).

§ 1. Régime légal.

198. Le grand-maître de notre université impériale et son conseil accorderont un intérêt spécial aux écoles secondaires que les départements, les villes, les évêques ou les particuliers voudront établir, pour être consacrées plus spécialement aux élèves qui se destinent à l'état ecclésiastique.

(1) Cette augmentation de traitement est connue sous le nom de *boni*. Ce traitement spécial consiste dans la répartition entre tous les professeurs du tiers de l'excédant des recettes.

(2) Ces écoles sont aujourd'hui les petits séminaires. L'existence de ces écoles est l'écueil où, depuis 1830, sont venus échouer tous les projets de loi sur l'instruction secondaire.

199. Le grand-maître pourra autoriser dans nos écoles secondaires et lycées, des fondations de bourses, demi-bourses, ou toutes autres dotations pour des élèves destinés à l'état ecclésiastique.

(Décret du 9 avril 1809, Art. 4)

200. Les écoles plus spécialement consacrées à l'instruction des élèves qui se destinent à l'état ecclésiastique, sont celles où ces élèves sont instruits dans les lettres et dans les sciences conformément à notre décret impérial du 9 avril 1809.

201. Toutes ces écoles seront gouvernées par l'université; elles ne pourront être organisées que par elle, régies que sous son autorité, et l'enseignement ne pourra y être donné que par des membres de l'université étant à la disposition du grand-maître (1).

202. Les prospectus et les règlements de ces

(1) Le décret de 1808 n'était pas allé aussi loin, comme le prouve l'article suivant :

« L'instruction dans les séminaires dépend des archevêques et évêques, chacun dans son diocèse; ils en nomment et révoquent les directeurs et professeurs; ils sont seulement tenus de se conformer aux règlements sur les séminaires par nous approuvés. »

(Décret du 17 mars 1808, art. 3).

De 1808 à 1811, le despotisme universitaire fit, on le voit, de grands progrès.

écoles seront rédigés par le conseil de l'université, sur la proposition du grand-maître (1).

203. Il ne pourra pas y avoir plus d'une école secondaire ecclésiastique par département. Le grand-maître désignera, avant le 15 décembre prochain, celles à conserver ; toutes les autres seront fermées à dater du 1er janvier.

204. A dater du 1er juillet 1812, toutes les écoles secondaires ecclésiastiques qui ne seraient point placées dans les villes où se trouve un lycée ou un collége, seront fermées.

205. Aucune école secondaire ecclésiastique ne pourra être placée dans la campagne (2).

206. Toutes les maisons et meubles des écoles ecclésiastiques qui ne seront pas conservées, seront saisis par l'université pour être employés dans les établissements d'instruction publique.

207. Nos préfets et nos procureurs généraux près nos cours impériales, tiendront la main à ce que l'université fasse exécuter les dispositions contenues dans les quatre articles précédents.

(1) Les deux articles précédents rattachent plus intimement l'état les écoles ecclésiastiques que les autres établissements particuliers.

(2) Les écoles privées étaient mieux traitées. Elles pouvaien s'établir en dehors de l'enceinte des villes. (Voyez art. 105.)

208. Dans tous les lieux où il y a des écoles ecclésiastiques, les élèves de ces écoles seront conduits au lycée ou au collége pour y suivre leurs classes (1).

Les élèves des écoles secondaires ecclésiastiques porteront l'habit ecclésiastique ; tous les exercices se feront au son de la cloche.

(Décret du 15 octobre 1811, art. 24-32.)

209. Les directeurs des écoles secondaires seront tenus de prendre, à l'instar des principaux de colléges, le diplôme de bachelier ès-lettres.

(Arrêté du 3 octobre 1809.)

210. En exécution de l'art. 32 du décret du 15 novembre 1811, tous les élèves des écoles secondaires ecclésiastiques seront conduits au lycée ou au collége de la ville où elles seront situées, et en suivront le cours complet.

211. Aucun élève ne pourra être reçu dans une école ecclésiastique en qualité d'externe, s'il n'est en même temps externe du lycée ou du collége.

212. Les maîtres employés dans l'intérieur des

(1) Cette fréquentation des colléges de l'Etat imposée aux élèves des écoles ecclésiastiques avait du moins un avantage; c'était de rallier plus intimement à l'unité de l'esprit national la religion et ceux qui devaient en être les interprètes.

écoles ecclésiastiques, ne pourront sous aucun prétexte prendre d'autre titre que celui de répétiteurs.

213. Les livres classiques, la division des études, les jours de congé, l'époque et la durée des vacances, correspondront en tout point, dans les écoles ecclésiastiques avec ce qui est ou sera réglé pour les lycées ou les colléges (1).

214. Aux termes de l'art. 25 du décret du 15 novembre 1811, les chefs des écoles ecclésiastiques devant être membres de l'université et à la disposition du grand-maître, prêteront le serment prescrit par le décret du 17 mars, et ils ne pourront exercer leurs fonctions qu'après y avoir été autorisés par le grand-maître, dans la même forme que les autres fonctionnaires de l'université.

215. Les statuts et règlements des écoles ecclésiastiques, même ceux qui auront été antérieurement autorisés, seront soumis au conseil de l'université, et adressés à cet effet au grand-maître par les recteurs, dans le courant de janvier 1813.

216. Dans les cérémonies de l'université, les directeurs et répétiteurs des écoles secondaires ecclé-

(1) Cet arrêté rend complète la fusion des écoles ecclésiastiques dans celles de l'état

siastiques marcheront immédiatement après les principaux et régents des colléges.

(Arrêté du 24 novembre 1812.)

§ 2. **Dérogation aux décrets par ordonnance (1).**

217. Les archevêques et évêques de notre royaume pourront avoir, dans chaque département, une école ecclésiastique, dont ils nommeront les chefs et les instituteurs, et où ils feront élever et instruire dans les lettres des jeunes gens destinés à entrer dans les grands séminaires.

218. Ces écoles pourront être placées à la campagne et dans les lieux où il n'y aura ni lycée ni collége communal.

219. Lorsqu'elles seront placées dans des villes où il y aura un lycée ou un collége communal, les élèves, après deux ans d'études, seront tenus de prendre l'habit ecclésiastique (2).

(1) Voyez la note *G*, à la fin du volume, où le préambule de cette ordonnance est reproduit. On a cru devoir y ajouter les réflexions pleines de justesse dont M. Rendu fait suivre, dans son ouvrage, le texte de cette ordonnance de la restauration. Il est inutile de faire remarquer qu'ici l'infraction aux décrets est formelle.

(2) Cette obligation de porter l'habit ecclésiastique a été renouvelée, comme on le verra tout à l'heure, par l'ordonnance

220. Ils seront dispensés de fréquenter les leçons des lycées ou colléges.

221. Pour diminuer autant qu'il sera possible les dépenses de ces établissements, les élèves seront exempts de la rétribution due à l'université par les élèves des lycées, colléges, institutions et pensionnats.

222. Les élèves qui auront terminé leurs cours d'études pourront se présenter à l'examen de l'université, pour obtenir le grade de bachelier ès-lettres. Ce titre leur sera conféré gratuitement (1).

223. Il ne pourra être érigé dans un département une seconde école ecclésiastique, qu'en vertu de notre autorisation donnée sur le rapport de notre ministre secrétaire d'État de l'intérieur, après qu'il aura entendu l'évêque et le grand-maître de l'université (2).

du 16 juin 1828. Elle est du reste conforme aux prescriptions du décret de 1811. Néanmoins elle n'est pas observée. La raison en est que ces écoles qui légalement ne devraient contenir que des jeunes gens destinés à l'état ecclésiastique, comptent réellement un fort grand nombre d'élèves attirés par des motifs tout différents, qui, pour la plupart, sortiraient à l'instant des séminaires s'ils étaient astreints à porter l'habit ecclésiastique. Sur ce point, comme sur tant d'autres, l'université, qui ne veut rien voir, ferme les yeux.

(1) Cet article a reçu quelques modifications. (Voyez art. 220).

(2) Le nombre des écoles ecclésiastiques s'élevait en 1841 à 126.

224. Les écoles ecclésiastiques sont susceptibles de recevoir des legs et donations en se conformant aux lois existantes sur cette matière.

225. Il n'est au surplus dérogé en rien à notre ordonnance du 22 juin dernier, qui maintient provisoirement les décrets et règlements relatifs à l'université.

Sont seulement rapportés tous les articles desdits décrets et règlements contraires à la présente (1).

(Ordonnance du 5 octobre 1814.)

§ 3. ** Restrictions aux privilèges des écoles ecclésiastiques.

226. A dater du 1er octobre prochain, les établissements connus sous le nom d'*écoles secondaires ecclésiastiques*, dirigés par des personnes appartenant à une congrégation religieuse non autorisée, et actuellement existant à Aix, Billom, Bordeaux, Dôle, Forcalquier, Montmorillon, Saint-Acheul et Sainte-Anne-d'Auray, seront soumis au régime de l'université.

227. A dater de la même époque, nul ne pourra

(1) Une ordonnance qui rapporte des décrets, sans que cette révocation ait jamais été ratifiée par aucune législation régulière! Quelle confusion! quelle anarchie!

être ou demeurer chargé soit de la direction, soit de l'enseignement, dans une des maisons d'éducation dépendantes de l'université, ou dans une des écoles secondaires ecclésiastiques, s'il n'a affirmé par écrit qu'il n'appartient à aucune congrégation religieuse non légalement établie en France.

(Première ordonnance du 16 juin 1828.)

228. Le nombre des élèves des écoles secondaires ecclésiastiques instituées par l'ordonnance du 5 octobre 1814, sera limité, dans chaque diocèse, conformément au tableau que, dans le délai de trois mois, à dater de ce jour, notre ministre secrétaire d'État des affaires ecclésiastiques, soumettra à notre approbation. Ce tableau sera inséré au Bulletin des lois, ainsi que les changements qui pourraient être ultérieurement réclamés; et que nous nous réservons d'approuver, s'il devenait nécessaire de modifier la première répartition. Toutefois le nombre des élèves placés dans les écoles secondaires ecclésiastiques ne pourra excéder vingt mille (1).

229. Le nombre de ces écoles et la désignation des communes où elles seront établies seront dé-

(1) Le nombre des élèves était en 1839 de 18,255.

terminés par nous d'après la demande des archevêques et évêques, et sur la proposition de notre ministre des affaires ecclésiastiques.

230. Aucun externe ne pourra être reçu dans lesdites écoles. Sont considérés comme externes les élèves n'étant pas logés et nourris dans l'établissement même.

231. Après l'âge de quatorze ans, tous les élèves admis depuis deux ans dans lesdites écoles seront tenus de porter un habit ecclésiastique (1).

232. Les élèves qui se présenteront pour obtenir le grade de bachelierè s-lettres (2) ne peuvent, avant leur entrée dans les ordres sacrés, recevoir qu'un diplôme spécial, lequel n'aura d'effet que pour parvenir aux grades en théologie ; mais il sera susceptible d'être échangé contre un diplôme ordinaire de bachelier ès-lettres après que les élèves seront engagés dans les ordres sacrés.

233. Les supérieurs ou directeurs des écoles secondaires ecclésiastiques seront nommés par les archevêques et évêques, et agréés par nous.

(1) Nous avons déjà dit, page 69, que cette disposition n'était pas observée.

(2) Voyez pour les certificats délivrés par les directeurs de séminaires, l'article 244.

234. Il est créé dans les écoles secondaires ecclésiastiques 8,000 demi-bourses à 150 francs chacune. La répartition de ces 8,000 demi-bourses entre les diocèses sera réglée par nous, sur la proposition de notre ministre des affaires ecclésiastiques. Nous déterminerons ultérieurement le mode de présentation et de nomination à ces bourses (1).

235. Les écoles secondaires ecclésiastiques, dans lesquelles les dispositions de la présente ordonnance et de notre ordonnance en date de ce jour ne seraient pas exécutées, cesseront d'être considérées comme telles, et rentreront sous le régime de l'université.

(Deuxième ordonnance du 16 juin 1828.)

236. Les diplômes de bachelier ès-lettres sont délivrés gratuitement aux élèves des séminaires.

Cette disposition est commune aux séminaristes protestants.

(Règlement du 11 novembre 1826, art. 175.)

(1) Ces 8,000 demi-bourses ont été supprimées par la loi de finances de 1831.

(2) Ces deux ordonnances du 16 juin 1828, sans être plus légales que celle de 1814, ont été inspirées par cet esprit de sagesse et de modération qui sera, pour l'avant-dernier ministère de la restauration, un éternel honneur. C'est en cédant à cette libérale influence qu'elle eût été sauvée, si elle avait pu l'être. *Sed quos vult perdere Jupiter dementat.*

237. L'école primaire annexée à l'école secondaire ecclésiastique, doit être tenue par un chef spécial pourvu d'un brevet de capacité et d'un certificat de moralité, conformément à l'article 4 de la loi du 28 juin 1833.

(Avis du 21 juillet 1837.)

CHAPITRE VIII.

EXAMEN DU BACCALAURÉAT.

TITRE 1. — BACCALAURÉAT ÈS-LETTRES.

§ 1. Certificats (1).

238. A dater du 1er octobre 1822, pour être admis à l'examen du baccalauréat ès-lettres, il faudra avoir suivi, pendant une année au moins, un cours de philosophie dans l'un des colléges, institutions ou écoles ecclésiastiques régulièrement

(1) Les certificats d'études sont aujourd'hui malheureusement indispensables. L'examen du baccalauréat, tel qu'il est constitué, et surtout tel qu'il se pratique, ne prouve suffisamment ni l'ignorance de l'élève qui répond mal, ni les connaissances de celui qui répond d'une manière satisfaisante. Les juges ont besoin d'être assurés d'ailleurs que le candidat a suivi un cours d'études complet et régulier. Après l'accomplissement de la réforme que cet état de choses appelle, et dont s'occupe en ce moment le conseil de l'université, les certificats ne serviront plus qu'à restreindre

établis (1), où cet enseignement aura été autorisé.

239. Sont exceptés de cette règle générale, et pourront être admis à l'examen du baccalauréat ès-lettres, ceux qui auront été élevés dans la maison de leur père, oncle ou frère (2).

(Ordonnance du 17 octobre 1821.)

240. La forme des certificats destinés à constater cette éducation de famille, sera déterminée par notre conseil royal de l'instruction publique.

241. Le double certificat de rhétorique et de philosophie sera exigé des élèves des colléges ou institutions susnommés, pour qu'ils soient admissibles à l'examen du baccalauréat ès-lettres (3).

(Arrêté du 17 juillet 1825.)

quelque peu les écoles ecclésiastiques dans les limites tracées par les ordonnances du 16 juin 1828, en forçant ceux de leurs élèves qui ne se destinent pas à l'état ecclésiastique, à passer au moins un an dans un collége de l'Etat ou de plein exercice. Toute nécessaire qu'elle est, l'exigence des certificats n'est point basée sur la légalité. C'est une disposition nouvelle introduite par ordonnance dans la loi, et qui n'aurait aucune valeur devant les tribunaux, si elle était attaquée judiciairement.

(1) C'est-à-dire de plein exercice.

(2) Faut-il dire que cette concession, très légitime d'ailleurs, est un moyen d'échapper à toutes les dispositions qui règlent l'admission à l'examen du baccalauréat ?

(3) « Le conseil, vu l'ordonnance du 17 octobre 1821; considérant que l'article premier de ladite ordonnance, en exigeant,

242. Un certificat de rhétorique est nécessaire pour être admis dans la classe de philosophie ; mais ce certificat peut être accordé, soit par le chef d'un établissement de plein exercice, soit par le père de famille.

243. Le certificat de rhétorique accordé par le directeur d'un petit séminaire est suffisant pour faire admettre un élève dans la classe de philosophie d'un collége royal.

(Décision du 29 décembre 1836.)

244. Les certificats (1) d'études délivrés par les directeurs des petits séminaires ne doivent servir que pour l'obtention d'un diplôme spécial du baccalauréat ès-lettres, lequel diplôme n'est valable, d'après l'article 5 de l'ordonnance du 16 juin 1828, que pour parvenir à l'état ecclésiastique.

(Avis du 17 août 1836.)

245. A l'avenir, tout certificat d'études délivré

pour l'admission à l'examen du baccalauréat ès-lettres, d'avoir fait un cours de philosophie dans un des colléges, institutions ou écoles régulièrement établis, où cet enseignement aura été autorisé, présuppose nécessairement que ce cours aura été, selon les règlements, précédé d'un cours de rhétorique, arrête ce qui suit : »

On peut dire de cet arrêté que c'est une conjecture basée sur une illégalité.

(1) Il s'agit ici du certificat de philosophie.

par le chef de l'établissement public d'instruction secondaire de plein exercice, pour servir à l'obtention du baccalauréat ès-lettres, devra être précédé sur la même feuille, de la demande dudit certificat, écrite en entier par le candidat, et signée de ses nom et prénoms (1).

246. Le tout sera visé par le recteur de l'académie, conformément à l'arrêté du 23 septembre 1820.

247. Tout certificat d'études domestiques, délivré pour le même objet, par le père, oncle ou frère du candidat, conformément à l'art. 2 de l'ordonnance du 17 octobre 1821, sera également précédé d'une déclaration du candidat, écrite en entier par lui, signée de ses nom et prénoms et indiquant l'objet de ce certificat.

248. Le tout sera visé et légalisé, quant à l'authenticité des signatures, par le maire de la commune où résident les parents du candidat.

249. Les formalités ci-dessus prescrites sont obligatoires à partir du 1er juin 1837.

250. Les recteurs des académies et les doyens

(1) Cet arrêté a pour but de prévenir les fraudes et les substitutions de personne, qui ne sont encore, malgré cela, que trop fréquentes.

des facultés sont chargés d'assurer l'exécution du présent arrêté.

(Arrêté du 11 avril 1837.)

251. Formule de la demande du certificat d'études dans un établissement public d'instruction secondaire :

Je soussigné, (*nom* et *prénoms*), élève du collége (royal ou communal) de , prie M. le (proviseur ou principal), de m'accorder un certificat d'études constatant les années distinctes et complètes de rhétorique et de philosophie que j'ai faites dans cet établissement, pour me servir à l'examen du baccalauréat ès-lettres.

Ce 18

(Signature de l'impétrant).

252. Formule de la déclaration pour le certificat d'études domestiques :

Je soussigné, (*nom* et *prénoms*), déclare conformément à l'intention de mes parents, vouloir me présenter avec le certificat d'études domestiques ci-joint, devant (la faculté ou commission) des lettres de l'académie où je réside, pour y subir l'examen du baccalauréat ès-lettres.

Ce 18

(Signature du candidat).

(Arrêté du 16 mai 1837.)

§ 2. Époque des Examens.

253. Les facultés des lettres et les commissions instituées par l'ordonnance du 18 janvier 1816, procéderont chaque année, dans trois sessions, aux examens du baccalauréat ès-lettres.

254. La première session s'ouvrira le quinzième jour avant l'époque fixée pour l'ouverture des vacances des colléges dans chaque académie ;

La deuxième, du 15 octobre au 1er novembre ;

La troisième, du premier lundi qui suivra les vacances de Pâques au lundi suivant.

255. Dans l'académie de Paris, la première session pourra s'ouvrir dès le 25 juillet et sera close le 1er septembre ;

La deuxième pourra se prolonger jusqu'au 15 novembre ;

La troisième aura lieu du 1er au 15 janvier :

Et une quatrième session sera ouverte du 1er au 15 avril (1).

256. Aucun examen isolé ou collectif ne pourra avoir lieu en dehors des époques ci-dessus déterminées, que sur l'autorisation expresse du ministre, accordée en conseil royal.

(1) A Paris, la session est, pour ainsi dire, en permanence.

§ 3. Inscription des candidats.

257. Les diverses pièces exigées des candidats pour leur admission aux examens, devront être adressées aux recteurs de l'académie, quinze jours au moins avant l'ouverture des épreuves.

258. Chaque candidat est tenu de se présenter à l'examen au chef-lieu de l'académie où il a terminé ses études, ou de celle où il a son domicile légal.

259. Il ne sera fait d'exception à cette règle que par décision motivée, prise en conseil royal, sur le rapport du recteur de l'académie dans laquelle l'examen devait avoir lieu.

260. Le recteur, après avoir visé les différentes pièces déposées par le candidat, les transmettra, avec ses observations, au doyen de la faculté ou au président de la commission.

261. Le doyen ou président de la commission fera inscrire les diverses demandes sur un registre conforme au modèle n° 1 annexé au présent règlement, lequel contiendra :

Les noms et prénoms des candidats ;

Le lieu et la date de leur naissance ;

Le lieu où ils ont fait leurs études ;

Leur domicile actuel.

L'inscription au registre sera faite à Paris par le secrétaire de la faculté, et dans les autres académies par le secrétaire de l'académie, en présence du candidat, lequel sera tenu d'y apposer sa signature.

262. Le secrétaire, après avoir pris préalablement les ordres du doyen ou président de la commission et avoir reçu la consignation des droits à acquitter, indique à chaque candidat, au moment de l'inscription, le jour où il devra subir l'examen.

263. Les examens seront annoncés d'avance par des avis insérés dans les journaux et par des affiches apposées aux portes extérieures du local où siége la faculté ou la commission d'examen.

§ 4. Forme générale des examens.

264. Les examens sont publics et ont lieu dans la salle des séances ordinaires de la faculté ou dans la salle du conseil académique, aux heures déterminées d'avance par la faculté ou par la commission.

265. Quatre juges au moins doivent prendre part aux examens, y compris le membre adjoint, chargé de la partie de l'examen relative aux sciences.

266. Dans les académies qui ne possèdent point de faculté des lettres, les commissions seront à

l'avenir présidées par un inspecteur de l'académie, désigné par le recteur.

Les autres membres des commissions sont :

Le professeur de philosophie du collége royal ;

Le professeur de rhétorique ,

Le professeur d'histoire ;

Le professeur de mathématiques et le professeur de physique alternativement.

267. Dans les facultés comme dans les commissions, les recteurs assistent eux-mêmes aux examens, toutes les fois qu'ils le jugent convenable.

268. Chaque candidat, avant de subir les épreuves, appose de nouveau sur le registre mentionné à l'article 6, sa signature, en présence des examinateurs, lesquels vérifient l'identité de cette signature avec la précédente.

269. Les étudiants sont prévenus chaque fois des suites que pourraient avoir pour eux, d'après les règlements universitaires et d'après les lois, les fausses signatures apposées à ces actes, ou toute autre fraude dont ils se seraient rendus coupables.

270. Les examens se composent de trois séries d'épreuves :

1° La composition écrite ;

2° L'explication des auteurs grecs, latins et français ;

3° Les questions orales.

PREMIÈRE ÉPREUVE.

COMPOSITION ÉCRITE.

271. Pour la première épreuve, les candidats sont tenus de faire une version latine, à peu près de la même force et de la même étendue que les versions latines qui se donnent en rhétorique.

272. Le texte de la composition est choisi par le doyen ou par le président de la commission.

Le même texte sera dicté à tous les candidats qui devront être examinés dans le même jour.

Un des membres de la faculté ou de la commission, désigné à tour de rôle, dicte le devoir et préside la composition.

273. Deux heures sont accordées pour cette épreuve.

Pendant ce temps, les candidats restent constamment sous la surveillance de l'examinateur.

Ils ne peuvent avoir aucune communication au-dehors ni entre eux, sous peine d'exclusion ; il n'est laissé à leur disposition d'autres livres que les dictionnaires latins.

274. Chaque candidat remet sa composition signée de lui à l'examinateur.

275. La faculté ou la commission procède de suite à l'examen des copies et décide, d'après cette première épreuve, quels sont les candidats qui seront admis à subir les épreuves orales (1).

DEUXIÈME ÉPREUVE.

EXPLICATION DES AUTEURS.

276. Les candidats admis à la deuxième épreuve expliquent différents passages des auteurs grecs, latins et français, d'après les listes annexées au présent règlement.

277. Chaque liste est divisée en un même nombre de numéros.

Avant l'épreuve, il est déposé dans une urne autant de boules qu'il y a de numéros, et les boules extraites successivement de l'urne par le candidat et présentées par lui au président indiquent, pour chaque explication grecque, latine et française, l'auteur sur lequel il doit porter.

Les juges choisissent, dans le texte indiqué par le sort, les passages que doit expliquer le candidat.

(1) Cette épreuve de la version latine pourrait presque, à elle seule, être décisive si l'article 273 était observé. Mais la surveillance de cette espèce de composition se fait mal, ou plutôt ne se fait pas, et la libre communication des candidats entre eux en rend le résultat complètement insignifiant ; le hasard, plutôt que le mérite réel, décide des admissions à la deuxième épreuve, qui ont lieu dans une proportion moyenne des deux cinquièmes.

TROISIÈME ÉPREUVE.

QUESTIONS ORALES.

278. Pour la troisième épreuve, les candidats répondent verbalement à des questions de philosophie, de littérature, d'histoire, de mathématiques et de physique, également désignées par la voie du sort, parmi les programmes annexés au présent règlement et d'après le mode déterminé à l'article 277.

§ 5. Jugement des épreuves.

279. La durée des épreuves pour chaque candidat, non compris les deux heures accordées pour la version latine, sera de trois quarts d'heure au moins.

280. D'après le mérite de la composition écrite et des épreuves orales, le jury délibère sur l'admission de chaque candidat.

En cas de partage, la voix du président est prépondérante.

La décision des juges est proclamée en séance publique.

281. Tout candidat refusé ne peut se représenter à un nouvel examen que dans une autre session.

Ce nouvel examen doit être nécessairement subi devant la même faculté ou la même commission que le précédent, à moins d'une dispense expresse, accordée par le ministre en conseil royal.

282. La faculté ou la commission délivre, pour chaque candidat jugé admissible, un certificat d'aptitude qui doit indiquer :

1° Le nom, prénoms, date et lieu de naissance du candidat ;

2° Le lieu où il a fait ses études ;

3° Les notes obtenues par lui dans l'épreuve de la composition ;

4° Le numéro des questions qui lui sont échues dans chacune des épreuves orales et la manière dont il a subi lesdites épreuves.

Quand le recteur ou un inspecteur, autre que le président de la commission, a été présent à l'examen, il en est fait aussi mention sur le certificat d'aptitude.

Ce certificat est signé par tous les membres qui ont pris part à l'examen : chaque membre peut y joindre ses observations.

283. Le jury exprime son opinion sur chaque candidat, par les mots, *très bien*, *bien*, ou *assez bien*, lesquels sont insérés dans le certificat d'aptitude.

284. Le certificat d'aptitude, avec les pièces

déposées par les candidats, est transmis au recteur pour recevoir son visa.

Le doyen ou le président de la commission adresse en même temps au recteur le procès-verbal de chaque séance d'examen, signé par tous les juges, et un rapport sur l'ensemble des examens et sur les forces relatives des épreuves. Il y joint la composition écrite faite par chaque candidat.

285. Si le recteur estime qu'il y a eu défaut de forme, ou excès d'indulgence dans la réception des candidats, il déclare à la faculté qu'il refuse son visa, et il adresse au grand-maître les motifs de son refus, avec le certificat de la faculté.

286. Les certificats d'aptitude, visés par le recteur, sont transmis au ministre, avec le procès-verbal des séances d'examen et le rapport du doyen ou du président de la commission. Le recteur transmet également chaque fois la liste des candidats refusés.

287. Les diplômes sont conférés par le ministre, grand-maître de l'université, dans la forme établie.

288. Nul diplôme ne peut être remis à l'impétrant qu'après que celui-ci aura apposé sa signature, tant sur l'acte même que sur le registre mentionné à l'article 261, lequel servira à constater la remise du diplôme.

Tout diplôme qui ne porte point la signature de l'impétrant et celle du fonctionnaire qui a fait la remise de l'acte, doit être considéré comme non avenu et comme ne conférant aucun droit.

§ 6. Dispositions générales.

289. Les dispositions contenues aux articles 19 du décret du 17 mars 1808, 18 du statut du 16 février 1810, 23 du décret du 15 novembre 1811, 1er et 2 de l'ordonnance du 17 octobre 1829, et les arrêtés des 17 juillet 1835, 19 avril et 16 mai 1837, continueront d'être exécutés quant aux conditions d'admissibilité aux épreuves.

(Règlement du 14 juillet 1840.)

TITRE II. — BACCALAURÉAT ÈS-SCIENCES.

290. Pour être admis à l'examen du baccalauréat ès-sciences mathématiques et du baccalauréat ès-sciences physiques, il suffit de justifier du titre de bachelier ès-lettres (1).

291. L'examen des aspirants au grade de bachelier ès-sciences mathématiques aura pour objet :

1° L'arithmétique, la géométrie, la trigonométrie curviligne, la trigonométrie sphérique, l'algèbre,

(1) Cette condition est-elle bien nécessaire ?

comprenant la formule du binome et la résolution des équations numériques, l'application de l'algèbre à la géométrie et les éléments de statique ;

2° Les éléments de physique et de chimie exigés des aspirants au baccalauréat ès-sciences physiques.

292. Les candidats au baccalauréat ès-sciences physiques devront répondre :

1° Sur l'arithmétique, la géométrie élémentaire, l'algèbre, comprenant les problèmes qui dépendent des équations du premier degré à une ou plusieurs inconnues; sur les machines simples et la partie des éléments de statique qui s'y rapportent ;

2° Sur les éléments de physique, de chimie et d'histoire naturelle, d'après les programmes ci-joints.

293. La durée de l'examen pour le grade de bachelier ès-sciences mathématiques sera d'une heure au moins.

294. Celle de l'examen pour le grade de bachelier ès-sciences physiques devra être au moins de trois quarts d'heure.

(Arrêté du 3 février 1837.)

295. Les candidats à l'agrégation de philosophie sont dispensés de répondre sur la partie du programme relative à la chimie et à l'histoire naturelle.

296. Le diplôme qui sera délivré dans ce cas fera mention de cette dispense et de la destination à laquelle il est exclusivement applicable.

(Arrêté du 23 février 1837.)

297. Les facultés des sciences procéderont, chaque année, dans trois sessions, aux examens du baccalauréat ès-sciences.

La première session s'ouvrira dans le mois de novembre ; la seconde immédiatement après les vacances de Pâques ; la troisième dans le mois d'août.

298. Aucun examen isolé ou collectif ne pourra avoir lieu en dehors des époques ci-dessus déterminées, que sur l'autorisation expresse du grand-maître de l'université de France.

299. Tout candidat ajourné dans une des sessions ordinaires ne pourra se présenter à un nouvel examen que dans la session suivante.

Celui qui aura été examiné dans l'intervalle d'une session à l'autre et qui aura été ajourné ne pourra non plus se présenter à un nouvel examen qu'après un délai de trois mois.

(Arrêté du 17 avril 1846.)

300. Les fonctionnaires, membres d'une faculté quelconque ou d'une commission des lettres, ne pourront à l'avenir donner des répétitions à des

étudiants qui se proposent de prendre leurs grades dans la faculté ou commission des lettres dont ils font partie (1).

(Arrêté du 8 septembre 1829.)

301. L'arrêté du 8 septembre 1829 est maintenu et devra être sévèrement exécuté. Il y a lieu de le rappeler à messieurs les recteurs.

(Arrêté du 20 janvier 1842.)

CHAPITRE IX.

DISCIPLINE DES ÉTABLISSEMENTS PRIVÉS.

§ 1. Surveillance administrative.

302. Les écoles secondaires, ainsi que toutes les écoles particulières dont l'enseignement sera supérieur à celui des écoles primaires, seront pla-

(1) Il serait à desirer que cette sage précaution fût toujours observée, et que le règlement s'appliquât aussi aux commissions d'examen, qui sont composées des professeurs mêmes des colléges. Autrefois le proviseur et le censeur en faisaient partie, ce qui donnait lieu à de grands abus. On cite des proviseurs, présidents de commission, qui ont trouvé moyen en deux ou trois ans de repeupler des internats dégarnis. Ils avaient six ou sept élèves en sixième; 80 en rhétorique, et 100 en philosophie! Est-ce à leur talent administratif qu'il faut faire honneur de ce résultat?

cées sous la surveillance et l'inspection particulière des préfets (1).

(Loi du 10 floréal an X.)

303. Il n'est point dérogé au droit qu'ont nos préfets et au devoir qui leur est imposé de surveiller les établissements d'instruction placés dans leurs départements respectifs.

304. Ils s'attacheront spécialement à examiner si les dispositions de nos décrets impériaux sur le régime de ces établissements sont exactement observées ; si les mœurs et la santé des élèves sont convenablement soignées.

305. Ils visiteront en conséquence, de temps à autre, les lycées, colléges, institutions et pensions de leurs départements.

306. Ils pourront déléguer les sous-préfets pour les visites des lycées ou colléges placés hors du chef-lieu.

307. Les préfets pourront être accompagnés et assistés, dans leurs visites, du maire de la ville.

308. Les proviseurs, principaux et chefs des divers établissements leur donneront tous les do-

(1) La surveillance des écoles privées est un principe qu'aucun gouvernement ne doit et ne peut abdiquer. Voyez à la note *H* un arrêté antérieur à la loi de floréal, pris par le directoire exécutif.

cuments propres à les éclairer dans leurs recherches, conformément à l'article 34 ci-dessus.

(Décret du 15 novembre 1811, titre v.)

309. Ils pourront recevoir, exiger au besoin, les renseignements des professeurs, maîtres, employés, et des pères de famille.

310. Nos préfets ne pourront rien ordonner, rien changer à l'ordre administratif des lycées ou colléges, ni rien prescrire ; mais ils seront tenus d'adresser à notre ministre de l'intérieur les informations qu'ils auront recueillies, et ils les accompagneront de leurs observations, et en instruiront le grand-maître.

311. Les recteurs feront inspecter et surveiller, par les inspecteurs particuliers des académies, les écoles, et surtout les colléges, les institutions et les pensions, et ils feront eux-mêmes des visites le plus souvent qu'il leur sera possible.

(Décret du 17 mars 1808, art. 98.)

312. Le conseil de l'université (1) fait visiter, quand il le juge à propos, les colléges royaux et communaux, les institutions, pensionnats et autres

(1) La même ordonnance confère aux académies le nom d'*universités*. Mais cette disposition ne subsista qu'un mois.

établissements d'instruction, par deux inspecteurs, qui lui rendent compte de l'état de l'enseignement et de la discipline dans le ressort de l'université, conformément aux instructions qu'ils ont reçues de lui.

(Ordonnance du 17 février 1815, art. 7.)

313. Les recteurs veilleront à ce que tous les établissements d'instruction publique de leur ressort soient visités au moins une fois l'an par les inspecteurs de leurs académies respectives.

(Arrêté du 8 janvier 1816.)

314. Les archevêques et évêques, dans le cours de leurs tournées, pourront prendre connaissance de l'enseignement religieux dans les écoles du culte catholique. Les consistoires et les pasteurs exerceront la même surveillance sur les écoles des cultes protestants.

(Ordonnance du 29 février 1816, art. 41.)

315. L'évèque diocésain exercera, pour ce qui concerne la religion, le droit de surveillance sur tous les colléges de son diocèse; il les visitera lui-même ou les fera visiter par un de ses vicaires-généraux, et provoquera, auprès du conseil royal de l'instruction publique, les mesures qu'il aura trouvées nécessaires.

(Ordonnance du 27 février 1821, art. 24.)

§ 2. Maîtres et Répétiteurs.

316. Toute école est, par le fait même de son existence, soumise à la surveillance et à l'autorité du conseil et des recteurs des académies ; cette surveillance comprend également les chefs de l'école, les répétiteurs employés par eux et les élèves.
(Arrêté du 17 février 1821.)

217. A dater du 1er juin 1809, tous les bureaux de placement des répétiteurs, tenus par des particuliers, sous quelque dénomination que ce puisse être, et quelles que soient les anciennes autorisations dont ces particuliers pourraient se prévaloir, sont supprimés. (Arrêté du 19 mai 1809.)

318. Il sera établi à Paris, chef lieu de l'université, un bureau central destiné à recevoir les déclarations de tous ceux qui voudront exercer les fonctions de répétiteur, précepteur, ou maître d'étude, dans les institutions et dans les pensionnats.
(Arrêté du 25 novembre 1809.)

319. A l'avenir, tous ceux qui voudront exercer les fonctions de répétiteur, seront tenus de se faire inscrire au bureau établi par nous (1).
(Arrêté du 19 mai 1809.)

(1) Cette mesure qui astreint les maitres d'études à la surveillance de l'administration, et soumet leurs antécédents à son contrôle, serait, si elle était exécutée, un des plus grands services que l'on pût rendre à l'enseignement public et privé. Malheureusement

320. Tout gradué d'un grade quelconque dans l'une des facultés de l'université, pourra être admis à exercer ce genre de fonctions, en rapportant, avec son acte de naissance, un certificat de bonnes mœurs, délivré par le maire et le curé de son domicile, ou par le recteur et les inspecteurs de son académie.

321. Ceux qui ne seront pourvus d'aucun grade auront à présenter, outre le certificat de bonnes mœurs, un certificat d'examen subi devant une commission qui sera nommée, dans l'arrondissement de l'académie de Paris, par le grand-maître, et dans ceux des autres académies, par les recteurs.

322. Ceux qui auront été employés précédemment dans une autre institution ou pension, seront tenus de rapporter un certificat du chef de l'établissement chez lequel ils auront enseigné.

(Arrêté du 5 mai 1809.)

le bureau dont il s'agit, n'existe que dans les règlements. Ce serait cependant une institution si utile que les chefs d'établissements particuliers de Paris, songent à l'établir pour leur compte particulier. Nous pardonnons volontiers à l'université de laisser tomber en désuétude tout ce qu'il y a de faux et d'impraticable dans la constitution qui la régit; mais pourquoi condamner au même oubli les éléments de force et de vitalité qui s'y rencontrent parfois? Une pareille insouciance peut être considérée comme une abdication, et presque comme un suicide.

323. Les inspecteurs de l'académie de Paris composent, dans cette académie, la commission des répétiteurs.

324. Les répétiteurs seront divisés en deux classes : 1° les maîtres de langues anciennes ou de mathématiques ; 2° les maîtres de langue française ou d'arithmétique.

(Arrêté du 11 janvier 1816, art. 1 et 2.)

325. L'examen aura lieu sur les livres classiques, et, si l'aspirant est examiné sur les auteurs grecs, il en sera fait mention dans le rapport des examinateurs.

326. La présentation d'un diplôme de grade dispensera de tout examen ; et, dans ce cas, l'aspirant n'aura à prouver que sa bonne conduite.

327. Le rapport et les pièces à l'appui seront immédiatement envoyés au recteur, qui délivrera le brevet, s'il y a lieu.

(Arrêté du 9 août 1815, art. 6.)

328. Ce diplôme sera accordé gratis.

(Arrêté du 11 janvier 1816.)

329. Les brevets ne pourront servir que dans l'arrondissement académique pour lequel ils auront été délivrés.

330. Tous les individus, porteurs de brevets, qui voudront quitter leur arrondissement acadé-

mique, seront tenus de se pourvoir d'une lettre d'exeat, qui leur sera délivrée par le recteur.

331. Ils ne pourront entrer en fonctions dans une autre académie qu'après avoir fait viser leur lettre d'exeat par le recteur de cette académie.

332. Tout individu qui se présentera par la suite pour exercer ce genre de fonctions, devra adresser sa demande au recteur et remplir les formalités prescrites par le règlement du 5 mai et par le présent arrêté.

333. Si l'éloignement, ou toute autre cause, empêchait les individus mentionnés aux articles 2 et 20 de se rendre au chef-lieu de l'académie, pour obtenir les brevets d'autorisation, les lettres d'exeat et les visas prescrits par les articles précédents, ils pourront les demander par lettre au recteur, en lui transmettant les pièces nécessaires.

334. Le premier de chaque mois, les recteurs adresseront au grand-maître l'état des régents, répétiteurs, précepteurs ou maîtres d'étude auxquels ils auront délivré des lettres d'exeat, pendant le mois précédent, et de ceux qui seront entrés dans leur arrondissement académique avec des lettres délivrées par les recteurs d'autres académies.

(Arrêté du 29 juillet 1809, art. 7-12.)

335. Le premier de chaque mois, les chefs d'institution et les maîtres de pension de Paris enverront à l'inspecteur général chargé de l'administration de l'académie, un état en double, dans lequel ils porteront : 1° le nom de tous leurs maîtres ou répétiteurs logeant au-dedans ou au-dehors de l'établissement ; 2° les renseignements dont la place est marquée dans les différentes colonnes du tableau dont le modèle est ci-joint ; 3° les observations qu'ils peuvent avoir à faire.

(Extrait d'une instruction du 27 février 1827.)

336. Lorsqu'un chef d'institution ou maître de pension aura besoin d'un répétiteur, il en instruira l'inspecteur de son arrondissement, et il pourra proposer un sujet pour remplir cette place.

337. Les inspecteurs proposeront à la commission les répétiteurs des établissements qu'ils surveillent, et la commission accordera l'autorisation.

338. Cette autorisation sera conçue en ces termes : La commission des répétiteurs, sur la proposition de M. *** inspecteur de l'académie de Paris, autorise le sieur *** à entrer, comme répétiteur de..... dans l'établissement dirigé par M. ***.

Paris, ce ...

(Arrêté du 11 janvier 1816, art. 6-8.)

339. Tout maître employé dans une institution

ou dans une pension fera constater sur son brevet, par le chef de l'école, la date de son entrée dans l'établissement, la nature du son emploi et la date de sa sortie.

340. Les chefs d'école informeront immédiatements et dans les trois jours au plus tard, le recteur de leur académie de toutes les mutations qui auront lieu parmi les maîtres de leurs établissements. Ils indiqueront avec précision la date des brevets des nouveaux maîtres qu'ils auront admis.

(Arrêté du 9 août 1817, art. 8 et 9)

341. Un répétiteur ne doit point quitter la place à laquelle il a été nommé, sans en prévenir, au moins quinze jours d'avance, le chef de l'établisssement où il est placé, et l'inspecteur chargé de la surveillance de cet établissement.

342. Tout chef d'établissement préviendra, au moins quinze jours d'avance, le répétiteur qu'il ne voudra plus conserver, ou bien il sera tenu de lui donner une indemnité proportionnelle au temps qu'il était obligé de le garder après l'avoir prévenu.

343. Si un répétiteur se rend coupable de quelque faute contre les mœurs, ou de quelque négligence grave dans ses devoirs, le chef de l'établis-

sement peut le renvoyer sans délai, mais il instruira de suite l'inspecteur de son arrondissement de ce renvoi, et il lui en fera connaître les raisons.

(Arrêté du 11 juillet 1816, art. 10-12.)

344. Lorsqu'un des agents de l'instruction publique, compris dans le présent arrêté, aura commis quelque faute grave, le recteur lui interdira provisoirement les fonctions de l'enseignement, et il fera de suite son rapport au grand-maître, qui statuera ce que de droit.

345. Les principaux de collége, chefs d'institution et maîtres de pension sont personnellement responsables de l'inexécution des dispositions prescrites par le présent arrêté.

(Arrêté du 29 juillet 1809, art. 16 et 17.)

346. Il sera informé devant les conseils académiques, et dans les formes prescrites par le décret du 15 novembre 1811, contre les chefs d'institution ou maîtres de pension qui auraient admis dans leurs établissements des maîtres non brevetés, ou dont le brevet aurait été révoqué.

(Arrêté du 9 août 1817, art. 14.)

347. L'information sera adressée à la commission qui ordonnera, s'il y a lieu, la fermeture de l'école. A la fin de chaque trimestre, le recteur de l'académie adressera à la commission de l'instruction publique un état des brevets délivrés ou révoqués par lui dans le cours du trimestre. MM. les recteurs des académies sont chargés, chacun en ce qui le concerne, de l'exécution du présent arrêt.

(Arrêté du 9 août 1817, art. 15.)

348. Le 1er août de chaque année, les recteurs adresseront au grand-maître l'état des mouvements qui auront eu lieu parmi les régents, les répétiteurs, précepteurs ou maîtres d'étude employés dans le ressort de leur académie, et ils désigneront au grand-maître ceux de ces agents qui se seront rendus le plus utiles à l'instruction publique pendant l'année scolaire.

349. Il sera présenté, à la fin de chaque année, au grand-maître, le tableau des régents, répétiteurs, précepteurs ou maîtres d'étude qui auront été jugés par les recteurs, dignes de fixer son attention particulière. Le grand-maître se réserve de récompenser ceux qui se seront distingués par leur zèle, leurs talents et la régularité de leur conduite en leur donnant de l'avancement dans la carrière de l'instruction publique.

350. Le présent arrêté sera notifié par chaque recteur, à tous les principaux de collége, chefs d'institution et maîtres de pension de son académie.

(Arrêté du 29 juillet 1809, art. 18-20.)

351. Sont admis à concourir pour l'agrégation des colléges :

Les répétiteurs dans les institutions ou pensions, qui auront exercé pendant trois ans (1) avec brevets délivrés par les recteurs, et qui justifieront de la durée de leur exercice par certificats des chefs d'établissement.

352. Le temps de service dans les colléges ou dans les institutions et pensions, exigible pour l'agrégation de philosophie, celle des classes supérieures des lettres, celle des sciences, celle d'histoire et celle de grammaire, est réduit à une année, en faveur des candidats qui auront obtenu le grade de docteur ès-lettres ou celui de docteur ès-sciences.

(Règlement du 28 février 1837, art. 3 et 4.)

§ 3. **Prescriptions générales.**

353. A l'avenir, nul élève exclu d'un collége de Paris, pour cause de révolte ou de désobéissance concertée, ne pourra être admis comme pensionnaire ni comme externe dans aucun établissement d'instruction publique de cette ville.

(Arrêté du 7 février 1824.)

(1) Le temps exigé des maîtres et répétiteurs dans les colléges, n'est que de deux ans. Pourquoi cette différence ?

354. Les élèves externes des lycées demeurant chez des chefs d'institution ou maîtres de pension, qui se rendraient coupables de provocations envers d'autres élèves, et donneraient lieu ou prendraient part à des rixes, seront renvoyés de ces maisons pour six mois au moins (1). Il ne pourront y rentrer ni être admis dans aucun autre établissement de l'université, même après l'expiration de ce délai, s'ils n'en ont obtenu l'autorisation expresse du grand-maître, d'après des témoignages authentiques attestant qu'ils ont expié leur faute par le repentir le plus sincère et une conduite irréprochable.

355. Les élèves externes de lycée, demeurant chez leurs parents, qui se seraient portés aux mêmes excès, seront également renvoyés du lycée pour six mois au moins, et ne pourront s'y représenter ni être admis dans aucun autre établissement de l'université, qu'ils n'aient entièrement satisfait à la dernière disposition de l'article précédent.

(Arrêté du 11 juillet 1811.)

356. Conformément à l'art. 79 du statut du 4 septembre 1821, la distance des lits dans les

(1) Cette expulsion obligatoire est plus que de la surveillance, et rentre tout-à-fait dans les habitudes despotiques de l'université impériale.

institutions et pensions ne pourra être moindre d'un mètre ; les inspecteurs et autres fonctionnaires sont spécialement chargés de veiller à l'exécution de cet article si nécessaire pour le maintien de la décence et de la salubrité.

Cet article porte ce qui suit :

« Chaque classe a son dortoir à part; chaque » dortoir est divisé en cellules ; à défaut de cellules, » les lits sont au moins à un mètre de distance l'un de l'autre. »

(Arrêté du 23 décembre 1826.)

357. Les chefs d'institution et maîtres de pension ne peuvent accorder aucun congé sans l'autorisation de S. Ex. le ministre, grand-maître de l'université.

(Décision du 7 juillet 1827.)

358. Il n'y aura point de distribution de prix dans les institutions et pensionnats des villes où il existe des lycées ou des colléges.

(Arrêté du 24 novembre 1812.)

359. Il n'y aura ni exercices publics, ni distribution de prix dans les institutions et pensions, à moins que ces établissements ne soient situés dans des villes où il n'y a ni lycée, ni collége Mais dans ce cas, les chefs d'établissement ne pourront ajouter aucun prix à ceux qui sont com-

pris dans le programme des lycées de la capitale.

360. Il ne doit y avoir, dans les établissements de l'université, aucun exercice spécial de poésie française.

Le concours général des lycées de Paris comprend tous les genres de composition pour lesquels il doit être distribué des prix.

(Extrait d'une circulaire du 18 décembre 1812.)

361 Les chefs d'instruction secondaire et d'instruction primaire, ne doivent employer que des livres régulièrement autorisés ou approuvés par l'université; ils doivent aussi veiller à ce qu'aucune édition contrefaite ne soit admise dans leurs écoles.

(Extrait d'une circulaire du 17 octobre 1830.)

362. Les proviseurs, principaux, chefs d'institution et maîtres de pension doivent proscrire de toutes les classes toute traduction en prose française des auteurs grecs et latins qui ont été déclarés classiques par le conseil de l'université.

(Extrait d'une circulaire du 6 février 1812.)

363. Il ne sera rien imprimé et publié pour annoncer les études, la discipline, les conditions des pensions, ni sur les exercices des élèves dans les écoles, sans que les divers prospectus et programmes aient été soumis aux recteurs et aux

conseils des académies, et sans en avoir obtenu l'autorisation.

(Décret du 17 mars 1808, art. 104.)

CHAPITRE X.

JURIDICTION DISCIPLINAIRE.

TITRE I. — DEGRÉS DE JURIDICTION.

§ 1. Juridiction du Grand-Maître.

364. Le grand-maître aura le droit d'infliger les arrêts, la réprimande, la censure, la mutation et la suspension des fonctionnaires aux membres de l'université qui auront manqué assez gravement à leurs devoirs pour encourir ces peines.

(Décret du 17 mars 1808, art. 57.)

365. Sur la propositisn des recteurs, l'avis des inspecteurs, et d'après une information faite par les conseils académiques, le grand-maître, après avoir consulté le conseil de l'université, pourra faire fermer les institutions et pensions où il aura été reconnu des abus graves et des principes contraires à ceux que professe l'université.

(Décret du 17 mars 1808, art. 105.)

§ 2. Juridiction du Conseil de l'Université.

366. Les affaires contentieuses relatives à l'administration générale des académies et de leurs écoles, et celles qui concerneront les membres de l'université en particulier par rapport à leurs fonctions, seront portées au conseil de l'université. Les décisions prises à la majorité absolue des voix, et après une discussion approfondie, seront exécutées par le grand-maître. Néanmoins il pourra y avoir recours à notre conseil d'État contre les décisions, sur le rapport de notre ministre de l'intérieur.

(Décret du 17 mars 1808, art. 82.)

367. Le conseil de l'université jugera les plaintes des supérieurs et les réclamations des inférieurs.

368. Il pourra seul infliger aux membres de l'université les peines de la réforme et la radiation, d'après l'instruction et l'examen des délits qui emporteront la condamnation à ces peines.

(Décret du 17 mars 1808, art. 78 et 79.)

369. Le recteur de l'académie de Paris sera chargé, près du conseil, de l'instruction et du rapport de toutes les affaires relatives aux colléges, aux institutions, aux pensions et aux écoles primaires de ladite académie.

(Ordonnance du 27 février 1821.)

§ 3. Juridiction des conseils académiques.

370. Il sera traité dans les conseils académiques : 1° de l'état des écoles de leurs arrondissements respectifs ; 2° des abus qui pourraient s'introduire dans leur discipline, leur administration économique, ou dans leur enseignement, et des moyens d'y remédier ; 3° des affaires contentieuses relatives à leurs écoles en général, ou aux membres de l'université résidant dans leurs arrondissements ; 4° des délits qui auraient pu être commis par ces membres ; 5° de l'examen des comptes des lycées et des colléges situés dans leurs arrondissements.

371. Les procès verbaux et rapports de ces conseils seront envoyés par les recteurs au grand-maître, et communiqués par lui au conseil de l'université, qui en délibérera, soit pour remédier aux abus dénoncés, soit pour juger les délits et contraventions d'après l'instruction écrite, comme il est dit à l'art. 368. Les recteurs pourront joindre leur avis particulier aux procès-verbaux des conseils académiques.

(Décret du 17 mars 1808, art 87 et 88.)

§ 4. Compétence au personnel.

372. En conséquence du décret impérial du 17 mars 1808, l'université impériale aura juridiction

sur ses membres en tout ce qui touche l'observation de ses statuts et règlements, l'accomplissement des devoirs et des obligations de chacun, les plaintes et les réclamations contre ses membres relativement à l'exercice de leurs fonctions, les injures, diffamations et scandales entre les membres, et l'application des peines encourues par les délinquants.

373. Cette juridiction sera exercée par le grand-maître et par le conseil de l'université, conformément aux statuts et règlements.

374. Lorsqu'il y aura lieu d'infliger aux membres de l'université qui auront manqué à leurs devoirs, les peines mentionnées en l'art. 57 du décret du 17 mars 1808 (1), le grand-maître jugera en la forme et sur les instructions déterminées aux titres suivants.

375. Le conseil de l'université pourra seul infliger aux membres de l'université la peine de la réforme ou celle de la radiation du tableau de l'université, conformément à l'art. 79 (2) du décret seul du 17 mars.

376. Le conseil de l'université est seul juge des

(1) Voyez l'article 364.

(2) Voyez l'article 368.

plaintes des supérieurs et des réclamations des inférieurs, aux termes de l'art. 78 (1) du même décret, quand il s'agit d'abus d'autorité, d'excès de pouvoir, et en général de l'interprétation des règlements.

377. Dans le cas où le conseil de l'université devra être juge, le grand-maître pourra, s'il y a urgence, ordonner provisoirement, par de simples arrêtés, la suspension, les arrêts ou autres mesures semblables qui n'excèdent point sa compétence; il pourra y autoriser les recteurs, à la charge de l'en informer sur-le-champ.

(Décret du 15 novembre 1811, art. 41-46.)

TITRE II. — DU MINISTÈRE PUBLIC ET DE SES FONCTIONS.

378. Dans toutes les affaires de juridiction, le chancelier de notre université impériale remplira près du conseil les fonctions du ministère public. Il devra être entendu en ses conclusions, lesquelles seront textuellement rappelées dans tous les jugements du conseil.

A son défaut, il sera remplacé par le membre du conseil inscrit le dernier dans l'ordre du tableau.

(1) Voyez l'article 367.

379. Il pourra dénoncer d'office au conseil de l'université toutes les contraventions et infractions ou les délits qui seraient venus à sa connaissance.

Le conseil de l'université sera tenu d'y statuer.

380. Un inspecteur d'académie exercera près de chaque conseil académique les fonctions du ministère public, dans les cas et de la manière ci-dessus établis pour l'exercice de ce ministère près le conseil de l'université.

381. Cet inspecteur correspondra directement, pour l'exercice des fonctions qui viennent de lui être attribuées, avec le chancelier de l'université.

(Décret du 15 novembre 1811, art. 124-127.)

TITRE III. — CONTRAVENTIONS, DÉLITS, PEINES.

§ 1. De ceux qui enseignent publiquement en contravention aux lois et aux statuts de l'université, et de la clôture de leurs écoles.

382. Si quelqu'un enseigne publiquement et tient école sans l'autorisation du grand-maître, il sera poursuivi d'office par nos procureurs impériaux, qui feront fermer l'école, et, suivant l'exigence des cas, pourront décerner un mandat d'arrêt contre le délinquant.

383. Si notre procureur impérial négligeait de poursuivre, le recteur de l'académie et même le grand-maître seront tenus de dénoncer l'infraction à nos procureurs-généraux, qui tiendront la main à ce que les poursuites soient faites sans délai, et rendront compte à notre grand-juge de la négligence des officiers de nos tribunaux inférieurs.

384. Celui qui enseignera publiquement et tiendra école sans autorisation, sera traduit, à la requête de notre procureur impérial, en police correctionnelle, et condamné à une amende qui ne pourra être au-dessous de 100 francs ni de plus de 3,000 francs, dont moitié applicable au trésor de l'université, et l'autre moitié aux enfants-trouvés; sans préjudice de plus grandes peines, s'il était trouvé coupable d'avoir dirigé l'enseignement d'une manière contraire à l'ordre et à l'intérêt publics.

385. Conformément à l'article 105 de notre décret du 17 mars 1808, et indépendamment des poursuites ordonnées par les articles précédents, le grand-maître, après information faite et jugement prononcé par le conseil de l'université dans les formes prescrites ci-après, fera fermer les institutions et pensions où il aura été reconnu des abus graves, et où l'enseignement sera dirigé sur

des principes contraires à ceux que professe l'université.

(Décret du 15 novembre 1811, art. 54-57.)

§ 2. Contraventions aux devoirs.

386. Les maîtres de pension et les chefs d'institution autorisés qui feront de fausses déclarations sur le nombre de leurs élèves, sur le prix de la pension et sur le degré d'instruction qui a lieu dans leurs maisons, seront tenus à la restitution des rétributions dont ils auraient privé l'université, et condamnés, par forme d'amende, envers l'université, à payer une somme égale à celle qu'ils paient pour leur diplôme ; ils seront de plus censurés : en ce cas, l'exécution aura lieu à la diligence de notre procureur impérial, comme il est dit à la section précédente.

387. Tout maître de pension ou chef d'institution, tout membre de l'université, qui s'écartera des bases d'enseignement prescrites par les lois et règlements, sera censuré, ou sera puni par la suspension de ses fonctions, par la réforme, ou par la radiation du tableau, selon la nature et la gravité de l'infraction.

388. Tout membre de l'université qui manquera à la subordination établie par les statuts et

règlements, et au respect dû aux supérieurs, sera réprimandé, censuré ou suspendu de ses fonctions, selon la gravité des cas.

389. En aucun cas, la suspension, avec ou sans privation de traitement, ne pourra excéder trois mois.

390. Si un membre de l'université est repris pour des faits portant scandale dans la maison à laquelle il appartient, ou blessant la délicatesse et l'honnêteté, il sera rayé, réformé, censuré ou réprimandé selon les cas.

391. Le membre de l'université qui abandonnera ses fonctions sans avoir observé les conditions exigées par l'article 43 du décret du 17 mars, sera rayé du tableau de l'université, conformément à l'article 44 du même décret, et sera en outre condamné à une détention proportionnée pour sa durée à la gravité des circonstances, et qui ne pourra excéder un an.

392. Le jugement qui la prononcera sera adressé à tel de nos procureurs qu'il appartiendra, lequel sera tenu d'en suivre l'exécution sans délai.

(Décret du 15 novembre 1811, art. 63-68.)

§ 3. Délits entre les membres de l'université.

393. Entre les membres de l'université, les in-

jures verbales ou par écrit seront punies, sur la plainte de la partie offensée, par la réprimande ou la censure, suivant les cas; il sera fait d'ailleurs à l'offensé telles excuses et réparation que le conseil estimera convenables.

394. Si un membre de l'université se permettait des voies de fait contre un autre membre de l'université, il sera, sur la plainte de l'offensé, puni par la censure, et par la suspension de ses fonctions, qui, en ce cas, ne pourra être au-dessous d'un mois, avec privation de traitement. Si les voies de fait avaient lieu d'un inférieur à un supérieur, le coupable sera rayé du tableau de l'université.

395. Si un membre de l'université se rendait coupable de diffamation, de calomnie envers un autre membre, il sera puni par la suspension de ses fonctions, avec privation de traitement pendant trois mois, même par radiation du tableau de l'université, avec affiche de l'ordonnance, suivant la gravité des cas.

396. Tout membre de l'université qui, sous prétexte de punition, se serait per misà l'égard des élèves des peines interdites par les règlements, ou aucuns mauvais traitements, sera puni, selon l'exigence des cas, de la censure, de la suspen-

sion ou de la destitution ; le tout sans préjudice de la poursuite devant les tribunaux, dans le cas où les parents voudraient s'y pourvoir, ou dans le cas de poursuites d'office du ministère public.

Le supérieur qui aura abusé de son autorité envers son inférieur, sera réprimandé ou censuré, selon les circonstances.

(Décret du 5 novembre 1811, art. 71-75.)

§ 4. Délits commis par les élèves.

397. Les élèves des lycées et des colléges, au-dessous de seize ans, ne seront justiciables, pour délits par eux commis dans l'intérieur de ces maisons, que de l'université, sans préjudice de ce qui sera dit ci-après, titre VII, articles 158 et suivants (1).

398. Ils seront punis, selon la gravité des cas, d'une détention de trois jours à trois mois dans l'intérieur du lycée ou du collége, dans un local destiné à cet effet.

399. Si les père, mère ou tuteur s'opposaient à l'exécution de ces mesures, l'élève leur sera remis, et ne pourra plus être reçu dans aucun autre lycée ou collége de l'université, et sera renvoyé, le cas échéant, à la justice ordinaire.

(1) Voyez l'article 462.

400. Pour les délits commis par les élèves au dehors, dans les sorties et promenades faites en commun, la partie lésée conservera le droit de poursuivre, si elle le veut, ses réparations par les voies ordinaires; dans tous les cas, l'action sera dirigée contre le chef de l'établissement auquel l'élève appartiendra, lequel chef sera civilement responsable, sauf son recours contre les père et mère ou tuteur, en établissant qu'il n'a pas dépendu des maîtres de prévoir ni d'empêcher le délit.

(Décret du 15 novembre 1811, art. 76-79.)

§ 5. Réclamations et plaintés.

401. Les réclamations auront lieu de la part des inférieurs, en cas d'abus d'autorité et d'excès de pouvoir des supérieurs, ou de fausse application des règlements; elles auront lieu de la part des personnes chargées de la perception des rétributions de l'université, en cas de refus, de retard ou de fraude de la part des maîtres d'institution ou de pension redevables.

402. Les plaintes auront lieu pour les contraventions aux devoirs et pour les délits mentionnés au titre précédent.

403. Les réclamations et les plaintes contre les

membres de l'université seront portées devant le recteur de l'académie dans le ressort de laquelle le membre inculpé exerce ses fonctions.

104. Elles pourront être adressées aux doyens des facultés, aux proviseurs des lycées, aux principaux des colléges ou autres chefs des maisons où le membre inculpé exerce ses fonctions; ceux-ci les feront passer au recteur, et, dans le ressort de l'académie de Paris, au grand-maître, avec les renseignements qu'ils auront pu se procurer, et leur avis motivé.

105. Elles pourront toujours être portées directement devant le grand-maître.

106. Elles seront faites par écrit, datées et signées par celui qui les présentera, et enregistrées sur un registre à ce destiné, avec un numéro sous lequel il en sera donné récépissé aux parties.

107. Les inspecteurs généraux et les inspecteurs des académies devront porter plainte des abus, contraventions et délits venus à leur connaissance: les inspecteurs d'académie les porteront devant le recteur, les inspecteurs généraux devant le grand-maître.

108. Les recteurs des académies auront le droit de suspendre provisoirement de leurs fonctions, en en rendant compte sans délai au grand-maître,

les membres de l'université contre lesquels l'inculpation portée pourrait donner lieu à la réforme ou à la radiation.

409. Les plaintes portées contre les élèves seront toujours adressées au recteur.

(Décret du 15 novembre 1811, art. 83-91.

§ **6. Pénalité.**

410. Les peines de discipline qu'entraînerait la violation des devoirs et des obligations, seront :

1° Les arrêts ;

2° La réprimande en présence du conseil académique ;

3° La censure en présence de l'université ;

4° La mutation pour un emploi inférieur ;

5° La suspension des fonctions pour un temps déterminé, avec ou sans privation totale ou partielle du traitement ;

6° La réforme ou la retraite donnée avant le temps de l'éméritat, avec un traitement moindre que la pension des émérites ;

7° Enfin, la radiation du tableau de l'université (1).

(Décret du 17 mars 1808, art. 47.)

(1) Voyez à la note *J* un arrêté du conseil royal appliquant la peine de la radiation à un maître de pension.

411. Toute récidive pourra être punie de la peine immédiatement supérieure à celle qui aura été antérieurement infligée.

412. Tout membre de l'université qui refusera de se soumettre aux ordonnances ou jugements qui le concerneront, après avoir été sommé et avoir été préalablement averti de la peine, sera contraint de le faire par justice.

413. Dans le cas où des tiers seraient intéressés dans la contestation, elle sera portée devant les tribunaux, si les tiers ne consentent pas à s'en rapporter au jugement du grand-maître ou du conseil de l'université.

(Décret du 15 novembre 1811, art. 80-82.)

TITRE IV. — INSTRUCTION.

§ 1. Affaires de la compétence du grand-maître.

414. Dans les cas mentionnés en l'article 37 du décret du 17 mars 1818, et où le grand-maître juge seul, il prononcera d'après les instructions et rapports des conseils académiques, à lui envoyés par les recteurs, et, dans le ressort de l'académie de Paris, sur les instructions et rapports des inspecteurs

§ 2. Affaires attribuées au conseil de l'université.

415. Les affaires dont la compétence est attribuée, par l'article 79 du même décret, au conseil de l'université, et qui s'élèveront dans l'arrondissement d'une académie autre que celle de Paris, seront portées par le recteur devant le conseil de l'académie, où l'affaire s'instruira ainsi qu'il suit :

416. Lorsqu'une réclamation sera faite, ou une plainte portée contre un membre de l'université, de la nature de celles qui doivent être jugées par le conseil de l'université. elle sera soumise par le recteur à l'examen du conseil académique, qui, sur les conclusions de l'inspecteur chargé du ministère public, jugera si elle est recevable, et s'il y a lieu d'instruire.

417. Si le conseil estime qu'il n'y a pas lieu, le mémoire ou la supplique sera renvoyé à celui qui l'aura présenté, avec l'avis motivé du conseil. Le réclamant pourra se pourvoir contre la décision, devant le chancelier, qui soumettra la réclamation au conseil de l'université.

418. Si la réclamation ou la plainte est adressée directement au grand-maître, elle sera par lui renvoyée au chancelier, qui la communiquera à la section du contentieux du conseil de l'université,

laquelle en fera son rapport au conseil. Si le conseil estime qu'il n'y a pas lieu de suivre, le mémoire sera renvoyé comme il est dit ci-dessus.

419. S'il est jugé qu'il y a lieu de suivre, le conseil arrêtera que le mémoire sera communiqué à celui que la réclamation concerne, pour y répondre dans la huitaine. Le mémoire sera renvoyé à cet effet au recteur, et par le recteur au chef de la maison à laquelle appartient le membre de l'université mis en cause, qui lui en donnera son récépissé.

420. Faute par celui-ci de remettre sa réponse dans le délai, il sera fait droit sur la production du réclamant.

421. S'il y a lieu d'entendre les parties, le conseil académique, et, à Paris, le conseil de l'université chargé de l'instruction, ordonnera leur comparution ; leurs aveux et déclarations seront consignés par écrit ; elles seront requises de les signer ; le président et le secrétaire signeront le procès-verbal.

422. Lorsqu'il y aura lieu de prononcer la réforme ou la radiation, le prévenu sera nécessairement entendu en personne ou appelé pour l'être ; s'il comparaît, il sera dressé procès-verbal de ses réponses.

123. Lorsqu'il y aura lieu de constater des faits par visites de lieux, vérification de pièces ou d'effets mobiliers, ou par déclaration de témoins, le recteur commettra, à cet effet, un conseiller ou un inspecteur, lequel dressera un procès-verbal où il fera mention des déclarations qui auront été faites et des faits qu'il aura recueillis.

124. Il sera donné copie des procès-verbaux, des mémoires et pièces aux parties intéressées; elles seront averties, par apostille sur la copie même des pièces, d'y fournir réponse dans la huitaine; sinon il sera jugé sur ce qui sera produit.

125. A Paris, où il n'y a point de conseil académique, les affaires seront portées directement au conseil de l'université (1).

126. Elles seront d'abord communiquées au chancelier faisant fonctions du ministère public près le conseil de l'université, et renvoyées avec ses conclusions ou réquisitions, à la section du conseil de l'université chargée du contentieux, qui en fera son rapport au conseil.

127. Dans toute affaire, il sera d'abord examiné par le conseil de l'université, et sur les conclusions du ministère public, quelle est la peine applicable

(1) On sait qu'un arrêté du 17 mai 1817 a institué un conseil académique à Paris.

à la contravention ou au délit dont il y aura plainte, afin de déterminer si le jugement appartient à l'université ou au grand-maître.

428. Lorsqu'il sera jugé que la connaissance de l'affaire appartient au conseil de l'université, l'instruction sera renvoyée à la section du contentieux, avec les conclusions du ministère public ; elle en fera son rapport et donnera son avis.

429. Si la section du contentieux estime que l'affaire n'est pas suffisamment instruite, elle en fera son rapport au conseil, et celui-ci ordonnera le complément d'instruction jugé nécessaire.

430. Si l'affaire vient d'un conseil académique, elle sera renvoyée au recteur, pour être reportée à ce conseil, à l'effet d'y compléter l'instruction.

431. Dans le cas de plainte portée contre un élève, le recteur déléguera l'inspecteur d'académie, et, à son défaut, un membre du conseil, pour se transporter sur le lieu, faire les informations nécessaires, entendre l'élève dans ses réponses, et dresser du tout procès-verbal.

432. Tous les actes de discipline, d'administration intérieure et de juridiction de l'université seront sur papier libre.

(Décret du 15 novembre 1811, art. 92-110.)

TITRE V. — DES JUGEMENTS ET DE LEUR EXÉCUTION.

§ I. Des ordonnances et jugements

433. Les actes de la juridiction émanée du grand-maître seul seront qualifiés d'ordonnances ; ceux émanés du conseil de l'université porteront le titre de jugements.

434. Les jugements du conseil de l'université seront rendus au nom du grand-maître et du conseil de l'université, en ces termes : En vertu des articles 77 et suivants du décret du 17 mars 1818 et des statuts de l'université impériale, le conseil de l'université a jugé, et nous, grand-maître, ordonnons...

435. Les ordonnances du grand-maître seront rendues en son nom seul, en ces termes : En vertu de l'article 57 du décret du 17 mars 1808 ; vu le rapport, etc., nous, grand-maître, etc., ordonnons...

436. Les ordonnances du grand-maître et les jugements du conseil de l'université exprimeront toujours le fait et les motifs.

437. Les jugements du conseil et les ordonnances du grand-maître seront signés par le grand-

maître et par le secrétaire-général ; ils seront scellés et signés par le chancelier.

Le chancelier exerçant les fonctions du ministère public, si le grand-maître est absent, le trésorier présidera et signera les jugements ; en l'absence du trésorier, le doyen des conseillers présidera.

438. Les minutes des ordonnances et des jugements ci-dessus seront signées, sans délai, par le grand-maître et le secrétaire-général.

439. Elles seront transcrites sur deux registres différents, tenus à cet effet par le secrétaire-général, et dont les feuillets seront numérotés et paraphés par le chancelier.

440. Les minutes seront remises par le secrétaire-général à la chancellerie, le dernier jour de chaque mois ; le chancelier en donnera décharge.

441. Il pourra être délivré des expéditions aux parties intéressées qui le requerront.

442. Les recteurs pourront délivrer en la même forme, des copies collationnées sur les expéditions à eux renvoyées par le grand-maître.

443. Les jugements et les ordonnances seront expédiés sur papier ordinaire, frappé seulement du cachet de l'université.

444. Les minutes et registres ne pourront être

communiqués qu'au grand-maître, au chancelier, au trésorier et aux membres du conseil.

§ 2. Exécution des ordonnances et jugements.

445. Les expéditions seront envoyées aux recteurs qui seront chargés de l'exécution des jugements dans les établissements dépendant de leurs académies, et qui en rendront compte au grand-maître.

446. Les pièces adressées par les recteurs au grand-maître, leur seront renvoyées avec l'expédition de l'ordonnance ou du jugement qu'ils auront à faire exécuter.

447. Le jugement ou l'ordonnance seront notifiés par le recteur au membre de l'université qu'ils concerneront, aussitôt leur réception. Cette notification se fera en lui remettant copie de l'ordonnance, certifiée conforme à l'expédition par le recteur, et de lui signée, avec injonction d'y satisfaire.

448. Si le jugement ou l'ordonnance concerne un membre de faculté, la notification lui en sera faite par le recteur, qui le mandera à cet effet. Si la faculté est séante hors du chef-lieu, la notification sera faite par le doyen ; si elle concerne un membre du lycée, elle le sera par le proviseur, et dans les colléges par le principal, à qui le recteur l'adressera à cet effet.

449. S'il s'agit d'un maître de pension ou d'un chef d'institution qui ne réside pas au chef-lieu, le recteur déléguera le proviseur ou le principal le plus voisin, ou tel autre fonctionnaire de l'université qu'il jugera convenable, selon les circonstances, lequel rendra aussitôt compte au recteur de la notification et du jour qu'elle aura été faite.

450. Le recteur fera mention de la notification et du jour qu'elle aura été faite, sur l'expédition demeurée en ses mains : l'expédition sera par lui déposée aux archives de l'académie, et le dépôt sera inscrit sur un registre à cet effet.

451. Le membre de l'université condamné par ordonnance du grand-maître ou par jugement du conseil de l'université, à la réprimande, à la censure, ou à toute autre peine portée au statut du 17 mars 1808 et au présent décret, autre que la réforme ou la radiation du tableau, sera tenu de comparaître en personne au conseil de l'académie, pour y entendre la prononciation de son jugement, au jour qui lui sera fixé par la notification qui lui sera faite.

452. Si, au jour fixé par la notification, le membre de l'université ne satisfait pas à l'ordonnance, il sera sommé d'y obéir dans un délai de huitaine, avec avertissement de la peine à laquelle il s'ex-

pose en n'obéissant pas, ainsi qu'il est porté en l'article 81 (1) du présent décret.

Cette sommation lui sera faite par le recteur, par le proviseur ou par le principal, selon les cas. Il en sera rendu compte par le proviseur ou par le principal au recteur, et par le recteur au grand-maître.

453. Si un membre de l'université est condamné à la réforme ou à la radiation du tableau, le jugement sera renvoyé pour l'exécution, par le chancelier, au procureur-général de la cour impériale du ressort, pour être, à sa diligence, lu au condamné en audience publique.

454. Il pourra y avoir recours à notre conseil d'État contre les jugements du conseil de l'université en matière de contravention aux devoirs et de délits entre les membres, lorsque le jugement prononcera la peine de radiation du tableau, sans préjudice de l'action judiciaire, quand il y aura lieu.

Ce recours ne sera pas admis pour toute autre peine.

455. Tous les trois mois, copie des jugements et ordonnances rendus dans les cas ci-dessus sera adressée par le secrétaire-général de l'université à notre ministre de l'intérieur.

(Décret du 15 novembre 1811, art. 128-150.)

(1) Voyez l'article 415.

§ 3. Exécution des jugements du conseil de l'université en matière d'autorisation.

456. Le grand-maître adressera expédition en forme de l'ordonnance ou du jugement qui prononcera la clôture d'un établissement d'instruction, à notre procureur impérial près le tribunal du domicile du délinquant, lequel sera tenu de le faire exécuter dans les vingt-quatre heures à sa diligence.

457. Lorsqu'il y aura lieu de faire fermer une école, institution ou pension, le grand-maître en donnera préalablement avis, au moins huit jours avant, au recteur dans l'arrondissement duquel elle sera établie, pour qu'il se concerte avec le procureur impérial, avec lequel il prendra les mesures nécessaires dans l'intérêt des élèves et de leurs familles.

458. Lorsque ce sera notre procureur impérial près le tribunal du domicile du contrevenant qui croira devoir poursuivre d'office celui qui enseignerait sans autorisation, il en informera pareillement le recteur préalablement et il en instruira le grand-maître, auquel il communiquera les motifs d'urgence qui auront déterminé sa poursuite d'office.

459. Le recteur, prévenu par le procureur im-

périal que la clôture d'une école, institution ou pension, doit avoir lieu, enverra l'inspecteur de l'académie, ou, en son absence, déléguera un membre du conseil académique, lequel se concertera avec le procureur impérial, comme il est dit ci-dessus, pour que les parents ou tuteurs des élèves soient avertis, et pour que les élèves pensionnaires dont les parents seront trop éloignés pour les retirer de suite, soient, en attendant, recueillis avec leurs effets dans une maison convenable. En cas de diversité d'opinions, le procureur impérial décidera.

460. Dans tous les cas où il y aura lieu de fermer une école, pension ou institution, s'il se présente quelqu'un, membre de l'université, ou même un particulier ayant les qualités requises et méritant toute confiance, qui offre de se charger des élèves, soit externes, soit pensionnaires, jusqu'à ce qu'il y ait été autrement pourvu, le recteur, avec l'approbation du procureur impérial, pourra l'y autoriser provisoirement, et le grand-maître conférera toujours en pareil cas au recteur les pouvoirs nécessaires. Le procureur impérial pourra donner cette autorisation de son chef et sans le concours du recteur.

(Décret du 15 novembre 1811, art. 58-62.)

TITRE VI. — DE L'ACTION DE LA JUSTICE ET DE LA POLICE ORDINAIRE DANS L'INTÉRIEUR DES ÉTABLISSEMENTS PUBLICS APPARTENANT A L'UNIVERSITÉ.

161. Hors le cas de flagrant délit, d'incendie ou de secours réclamés de l'intérieur des lycées, colléges et autres écoles publiques appartenant à l'université, aucun officier de police ou de justice ne pourra s'y introduire pour constater un corps de délit, ou pour l'exécution d'un mandat d'amener ou d'arrêt dirigé contre des membres ou élèves de ces établissements, s'il n'en a autorisation spéciale et par écrit de nos procureurs généraux, de leurs substituts ou de nos procureurs impériaux.

162. Nos cours impériales exerceront leur droit à raison des délits ou crimes commis dans les établissements de l'université, lesquels n'auront à cet égard d'autre privilége que ceux accordés pour les cas prévus par le présent décret.

163. Toutefois nos procureurs généraux sont spécialement chargés de l'examen et poursuite, s'il y a lieu, de tout ce qui pourrait se passer dans lesdits établissements, propre à donner lieu à l'application des lois pénales, pour qu'il soit procédé de manière à concilier les ménagements conve-

nables envers les établissements de l'université avec l'intérêt de la société blessée et de la justice offensée.

164. Nos procureurs généraux pourront requérir, et nos cours ordonner que des membres de l'université ou étudiants prévenus de crimes ou délits, soient jugés par lesdites cours, ainsi qu'il est dit pour ceux qui exercent certaines fonctions, à la loi du 20 avril, art. 10, et au code d'instruction criminelle, art. 479.

165. Nos procureurs généraux et impériaux sont également tenus de poursuivre, en cas de négligeance ou retard des officiers de l'université, les individus qui en sont membres, à raison des délits et contraventions portés au tit. II, chap. 11, art. 54, 63, 69, 74 et 79 du présent décret.

166. Dans toute affaire intéressant des membres ou élèves de l'université, nos procureurs généraux seront tenus d'en rendre compte à notre grand-juge ministre de la justice, et d'en instruire notre ministre de l'intérieur et le grand-maître de notre université.

167. Si un membre de l'université était repris de justice et condamné pour crime, il cesserait par le fait même de sa condamnation, d'être membre de l'université : sa dégradation lui sera prononcée

par le président après sa condamnation, et il sera aussitôt rayé du tableau, sur l'avis qui en sera donné au grand-maître par le procureur général près la cour saisie du procès.

En cas de contumace, il sera provisoirement rayé du tableau, sauf à lui à se présenter dans les délais fixés au code de justice criminelle.

468. Celui qui aura subi une condamnation du ressort de la police correctionnelle pourra, selon les circonstances, être reprimandé, censuré, réformé ou rayé du tableau.

(Décret du 15 novembre 1811, art. 157-164.

CHAPITRE XI. — DROITS.

TITRE I. — DROITS PERSONNELLEMENT DUS PAR LES CHEFS D'ÉTABLISSEMENT.

§ 1. Droit annuel.

469. Il sera payé pour les diplômes portant permission d'ouvrir une école, accordés par le grand-maître, en vertu des art. 2, 54 et 103 de notre décret du 17 mars, savoir : 200 fr. par les maîtres de pension; à Paris, 300 fr.; 400 par les instituteurs; à Paris 600 fr. Ce paiement sera effectué, de dix ans en dix ans, à l'époque du renouvellement des diplômes.

170. Le droit de sceau, pour ces diplômes, est compris dans les sommes ci-dessus.

171. Les maîtres de pension et instituteurs paieront chaque année, au 1er novembre, le quart de la somme ci-dessus fixée (1).

(Décret du 17 septembre 1808, art. 27-30.)

172. D'après le sens véritable de ces articles, les maîtres de pension et instituteurs, indépendamment de la somme fixée par l'art. 27, doivent payer chacune des années suivantes, au 1er novembre, le quart de cette somme (2).

(Décision du 4 novembre 1808.)

173. Les chefs d'institution et maîtres de pension sont tenus de payer chaque année un droit fixé ainsi qu'il suit :

Pour les chefs d'institution de Paris. . 150 fr.
Pour les maîtres de pension. 75

(1) Le droit décennal, tel qu'il vient d'être expliqué, a été aboli par la loi de finances du 23 juillet 1820. Mais le quart se paie toujours et dans la même proportion, sous le nom de droit annuel.

(2) Le paiement de ce quart a seul subsisté, comme nous venons de le dire, sous le nom de droit annuel.

Pour les chefs d'institution des départements. . . . . 100 fr.

Pour les maîtres de pension. . . . , . 50 (1)

174. Le droit annuel est exigible au 1er novembre de chaque année.

175. Il est dû par les chefs d'institution et maîtres de pension qui exercent en vertu d'autorisation provisoire, comme par ceux qui ont obtenu des brevets définitifs.

176. Ce droit est dû pour les années entières par les instituteurs et maîtres de pension qui ferment leurs écoles dans le cours de l'année.

177. Le chef d'école qui est autorisé dans le cours d'un exercice doit le droit annuel à partir du jour de l'ouverture de son établissement.

178. Cependant si un instituteur ou maître de pension a été autorisé à céder son établissement dans le cours de l'année, il n'est dû qu'un seul droit annuel, qui est payé par le nouveau chef d'école, si l'instituteur ne l'a point acquitté.

179. Les chefs d'institution et maîtres de pension versent le droit annuel dans les mêmes caisses que

(1) Ces chiffres sont les mêmes que ceux du décret du 17 septembre 1808.

les rétributions, et ils se font délivrer une quittance spéciale pour ce droit (1).

480. Les recteurs arrêtent et transmettent au ministre des états supplémentaires pour le droit annuel des chefs d'école qui entrent en exercice dans le courant de l'année.

481. Toute école où l'enseignement est analogue à celui qui est donné dans les colléges, dans les institutions ou dans les pensions de l'université, est soumise au paiement de la rétribution (2); le chef de l'école doit en outre le droit annuel.

482. Nul ne peut se soustraire à cette obligation sous le prétexte qu'il ne fournit aux élèves que la nourriture et le logement, et qu'il reste personnellement étranger à leur instruction.

483. Si un chef d'école, en raison de circonstances extraordinaires, se croit fondé à réclamer la remise du droit annuel, il doit adresser sa demande au recteur avant le 15 novembre; passé cette

(1) Depuis la loi de finances de 1834, la perception de ce droit est régie par les mêmes formes et règlements que celle des contributions directes. Par conséquent, la procédure spéciale à laquelle le recouvrement en était soumis, ne subsiste plus, et nous avons dû la retrancher.

(2) On sait que la rétribution universitaire a été supprimée par la loi de finances de juillet 1844.

époque, il n'est plus admis aucune réclamation (1).

484. Le conseil royal n'autorise les chefs d'institution et maîtres de pension à traiter du fonds de leur établissement, que sous la condition expresse que le nouveau chef d'école acquittera toutes les sommes dues par son prédécesseur, soit pour rétribution, soit pour droit annuel.

485. En conséquence, il est expressément enjoint au recteur de ne délivrer les brevets au nouveau chef d'école, qu'après s'être assuré que tous les comptes de l'instituteur qui a traité de son établissement sont entièrement soldés.

(Règlement du 11 novembre 1826, art. 108-128 *passim.*)

§ 2. Cours publics.

486. Les gradués qui obtiennent l'autorisation de faire un cours public sont assimilés, savoir : ceux qui font des cours dans les sciences et lettres, aux maîtres de pension, et ceux qui font des cours relatifs au droit et à la médecine, aux chefs d'institution.

487. Ils paient en conséquence un droit égal à la redevance annuelle des maîtres de pension ou chefs d'institution du lieu de leur résidence.

(1) Les demandes de dégrèvement et toutes les réclamations de ce genre doivent être aujourd'hui adressées au préfet, comme pour les autres sortes d'impositions.

A **Paris** :	Pour les sciences et les lettres.	75 fr.
	Pour le droit et la médecine.	150
Dans les autres villes :	Pour les sciences et les lettres.	50
	Pour le droit et la médecine.	100

488. Cette redevance est due pour l'année entière, lors même que les cours ne durent qu'une partie de l'année.

489. Lorsque le cours est gratuit, le conseil royal peut accorder l'exemption des droits ; les recteurs la proposent, s'ils le jugent convenable, en proposant l'autorisation.

490. Le droit d'ouverture des cours publics est payable d'avance, comme le droit annuel des maîtres de pension et chefs d'institution. Les recteurs ne délivrent les autorisations que sur la présentation des récépissés du versement.

(Règlement du 11 novembre 1826, art. 192 196.)

§ 3. Franchise de correspondance administrative.

491. Le ministre secrétaire d'État de l'instruction publique jouira de la franchise illimitée de toutes les lettres et de tous les paquets qui lui seront adressés.

492. Son contre-seing opérera la franchise à l'égard des fonctionnaires publics ci-après :

Les présidents des comités de surveillance de l'instruction primaire, les proviseurs et régents des colléges royaux, les directeurs des colléges particuliers, les principaux et régents des colléges communaux, les chefs d'institution, les maîtres de pension, les maîtres des écoles primaires, et les frères des écoles chrétiennes.

493. Les fonctionnaires ci-après dénommés, dépendant de l'université de France, continueront à jouir de la franchise et du contre-seing, mais sous bandes seulement :

Les recteurs et inspecteurs d'académies, pour leur correspondance avec les proviseurs et les principaux des colléges royaux et directeurs des colléges communaux, les chefs d'institution, les maîtres de pension, les présidents des comités de surveillance de l'instruction primaire et les maîtres d'école primaire, aussi dans l'arrondissement académique.

(Ordonnauce du 6 juillet 1828)

494. Les diplômes de grade ou d'emploi qui ne pourront être remis directement, seront transmis au principal du collége le plus voisin du domicile du récipiendaire et délivrés par lui. S'il y a quelques frais de port à acquitter, ils seront supportés par le récipiendaire.

495. Il en sera de même pour les brevets des chefs d'institution et des maîtres de pension.

496. Dans les cas imprévus où la transmission des diplômes et brevets occasionnerait des frais qui ne pourraient être remboursés par les récipiendaires, le recteur est autorisé à les acquitter ; sur son rapport, le conseil ordonnancera le montant de la dépense.

(Extrait d'une circulaire du 5 février 1822.)

TITRE II. — DROITS PAYÉS AU NOM DES ÉLÈVES.

§ 1. Frais d'études (1).

497. Les élèves externes des lycées et des écoles spéciales paieront une rétribution qui sera propo-

(1) Le règlement des frais d'études soulève naturellement une autre question, qui a pour elle l'avenir, comme elle a eu le passé : c'est celle de la gratuité. La gratuité est pour l'externat de Paris une sorte de dotation, dotation légitime et sacrée au même titre que celle du clergé; car elle ne serait aujourd'hui qu'une restitution de la dette contractée par l'Etat envers l'externat de Paris, comme le prouve la pièce officielle et inédite que l'on trouvera à la fin de ce volume (note *A*). C'est un arrêt du parlement ratifiant les conditions qui furent à ce sujet arrêtées entre le régent au nom de l'Etat, et l'université; ces conditions furent exécutées depuis 1719 jusqu'à l'époque où la Convention déchira tous les titres de la propriété universitaire, comme ceux de la propriété ecclésiastique.

sée, pour chaque lycée, par son bureau d'administration, et confirmée par le gouvernement.

(Loi du 11 floréal an x, art. 38.)

498. ** Les frais d'études des élèves externes sont payés, pour la présente année, sur le même taux que l'année précédente. A l'avenir, ils seront fixés, pour chaque lycée, par le conseil de l'université, sur la proposition du recteur, d'après l'avis du conseil académique (1).

(Arrêté du 15 septembre 1809, art. 23.)

(1) Cet arrêté est une hardie violation de l'art. 38 de la loi du 12 floréal an x, qui le précède. Aux termes de cet article, la confirmation du gouvernement est nécessaire pour valider la fixation des frais d'études. Excédant les pouvoirs qui lui sont conférés par le décret organique, le conseil royal, par son arrêté, se substitue, en dépit de la loi, au gouvernement, et l'usurpation de 1809 vient de se reproduire en 1845. La signature ministérielle donne-t-elle plus de poids à la mesure? Faut-il croire, ainsi que le prétend M. de Salvandy, que depuis que le grand-maître est ministre, c'est lui qui, dans l'université, est le gouvernement? D'abord, il n'y a pas, que je sache, deux gouvernements en France. Le gouvernement de l'université est le même que celui de la magistrature, du sacerdoce et de tous les départements ministériels; puis enfin, qu'entend-on par le mot *gouvernement?* Quel sens lui donnait la constitution de l'an VIII, sous l'empire de laquelle cette loi a été portée? Dans cette constitution comme dans la nôtre, le gouvernement n'est ni le ministre, ni même la réunion des ministres; la réunion des ministres est le ministère, et non le gou-

499. ** Les frais d'études des élèves externes seront fixés, pour la présente année, à la somme

vernement : ce n'était pas même le premier consul, qui avait bien quelques attributions spéciales, mais tout acte émané du gouvernement était signé des trois consuls ; et, sans chercher plus loin, nous en trouvons la preuve dans l'application des autres dispositions de ce même article 38, qui donne au gouvernement pour la fixation du prix de pension dans les lycées, et des frais d'études dans les différentes facultés, la même délégation que pour les frais d'études dont il s'agit ici ; or, c'est par un arrêté signé par les trois consuls, et le conseil d'Etat entendu, qu'a été fixé le prix des pensions dans les lycées ; c'est par un arrêté également signé des trois consuls, et toujours le conseil d'Etat entendu, que le tarif des frais d'études et d'examen a été établi pour l'école de droit et pour l'école de médecine. C'est par un arrêté consulaire également rendu dans la forme des règlements d'administration publique, qu'ont été fixés les frais d'études des élèves *internes* des lycées. Enfin, c'est toujours sous la protection desmêmes formes et des mêmes garanties que toutes les dispositionsde l'article 38 ont été exécutées, toutes, excepté celle qui con-cerne les frais d'études de l'externat.

Reste une question : sous le régime de la charte de 1830, qui est le gouvernement? C'est à n'en pas douter, comme sous la constitution de l'an VIII, l'ensemble du pouvoir exécutif. Or, le pouvoir exécutif, ce n'est pas, aujourd'hui plus qu'alors, le ministre ni le ministère ; le pouvoir exécutif est évidemment représenté par la personne royale, dont les ministres ne sont que les instruments responsables ; et l'acte exigé par la loi de l'an X, est une ordonnance royale rendue dans la forme des *règlements d'administra-*

de 60 francs. A l'avenir ils seront fixés par le conseil de l'université, d'après l'avis des proviseurs et sur la proposition du grand-maître (1).

(Règlement du 34 octobre 1809, art. 10.)

tion publique. Mais la taxe des frais d'études, qui n'était que le prix d'un service rendu quand la fréquentation des lycées était facultative, est devenue un véritable impôt, obligatoire pour tous ceux qui ont besoin d'instruction, depuis que l'enseignement est devenu un des grands monopoles de l'Etat. Or, cette délégation des fixations de tarifs, faite en 1802 au pouvoir exécutif, est-elle encore valable? N'a-t elle pas besoin d'être renouvelée par le pouvoir législatif dont la souveraineté en matière d'impôt est un des premiers axiômes de notre droit constitutionnel? A coup sûr la question est là, et ne peut être ailleurs. Le débat s'agite entre la prérogative royale et la prérogative parlementaire. Du reste, l'arrêté qui a, cette année, élevé de 60 à 100 fr. le taux des frais d'études est déféré aux tribunaux qui décideront la question : *sub judice lis est.*

(1) Quand on s'écarte de la loi, on tombe inévitablement dans toute l'instabilité de l'arbitraire. D'après l'arrêté du 15 septembre 1809, c'est le conseil académique qui donne son avis; d'après celui du 24 octobre suivant, ce sont les proviseurs; or, l'arrêté du 16 septembre dernier est pris sur l'avis du conseil académique.

Ce n'est pas tout : Dans le premier arrêté, c'est le recteur qui propose; dans le second, c'est le grand-maître; dans le troisième, ce n'est plus personne, et le grand-maître, qui était chargé de proposer, est celui qui approuve (note *K.*). Quel nom donner à ce mode d'opérer? Quand ce ne serait que par amour de l'unité, il

500. ** Il y a lieu de porter les frais d'études à 100 francs pour les colléges royaux de Paris, à partir de la prochaine rentrée des classes.

(Décision du 16 septembre 1845.)

§ 2. Frais d'études dans les écoles industrielles.

501. Tout élève admis aux cours des écoles industrielles et préparatoires paiera une rétribution spéciale, destinée à acquitter les traitements des professeurs et les autres frais de l'école.

502. Cette rétribution sera fixée (1) sur la proposition des conseils académiques; elle pourra varier suivant les localités et suivant l'étendue de l'enseignement.

503. Les élèves externes qui se borneront à suivre les cours industriels ne seront tenus qu'au paiement de la rétribution spéciale; on prélèvera au profit du collége, sur cette rétribution, une somme équivalente au tiers des frais d'études payés par les externes latinistes.

serait mieux de s'en tenir tout simplement à la loi, ou tout au moins de s'abstenir de fixer à l'avance des formes dont on fait ensuite si bon marché.

(1) Par qui sera-t-elle fixée? Voyez la note de l'article 487. Ici la difficulté est éludée.

504. Ceux des externes qui suivent à la fois les cours du collége et les cours de l'école industrielle paieront, outre la rétribution spéciale, une somme égale aux deux tiers des frais d'études.

Lorsqu'un élève boursier aura obtenu l'autorisation de suivre les cours industriels, il paiera la rétribution spéciale, moins une somme égale au tiers des frais d'études ; cette rétribution sera exigible, soit que l'élève suive ou ne suive pas l'enseignement classique.

505. La rétribution spéciale des élèves pensionnaires admis aux cours industriels sera égale à celle des élèves boursiers.

506. Si le pensionnaire suit tout à la fois l'enseignement classique et l'enseignement commercial, il paiera cette rétribution indépendamment du prix de sa pension.

507. S'il ne suit que l'enseignement commercial, on affectera au paiement de la rétribution spéciale le dixième de la pension payée par lui au collége, après en avoir déduit toutefois la somme attribuée au censeur et à l'économe, à titre d'éventuel.

(Arrêté du 29 janvier 1833.)

§ 3. Exemptions de rétribution (1).

508. Il peut être proposé par les recteurs des exemptions de rétribution pour les élèves dont les parents sont hors d'état d'acquitter ce droit ; les exemptions proposées ne pourront outrepasser le dixième des externes ou pensionnaires gratuits.

509. Les enfants des chefs d'école, des professeurs et régents sont exempts de la rétribution, lorsqu'ils étudient dans l'établissement auquel leur père est attaché.

510. Les chefs d'école sont responsables de la rétribution de ceux de leurs élèves pour lesquels ils ont formé des demandes en exemption jusqu'au moment où la décision portant dispense est rendue.

Les exemptions n'ont d'effet que pour un seul exercice (2).

(Arrêté du 17 octobre 1815, art. 14-18.)

(1) Il s'agit ici spécialement de la rétribution universitaire qui, grâce à Dieu, n'existe plus ; mais ces articles se sont toujours appliqués aussi à l'exemption des frais d'études. Dans sa circulaire du 10 novembre 1810, M. de Fontanes dit positivement que l'exemption des frais d'études sera accordée de droit à ceux qui en auront obtenu une pour la rétribution de l'université (Voy. page 172).

(2) Ces dispositions sont rappelées et confirmées par un arrêté du 11 novembre 1826.

511. A partir du 1er octobre prochain, le dixièm des élèves externes de chaque collége communal pourra seul être dispensé de payer les frais d'études.

La dispense sera accordée par le recteur sur la proposition du principal et après avoir pris l'avis du bureau d'administration.

(Arrêté du 3 juillet 1824.)

§ 4. Paiement des frais d'études.

512. Les frais d'études dus par les élèves qui sont admis à suivre comme externes les classes des colléges royaux, seront perçus par dixième, à partir de la rentrée prochaine des classes.

(Arrêté du 15 septembre 1827.)

513. Aucun élève externe ne peut être admis à suivre les classes du collége, sans avoir acquitté d'avance la rétribution du trimestre (1).

Le censeur est chargé, sous sa responsabilité personnelle, de surveiller et assurer l'exécution de cette disposition.

(Règlement du 11 novembre 1826, art. 78.)

(1) Un arrêté récent, qui n'a pas été publié, porte que le paiement devra avoir lieu dans les vingts premiers jours du trimestre.

514. L'article précédent s'appliquera aux frais d'études, comme à la rétribution universitaire : toute somme qui, sous quelque prétexte que ce soit, pourrait être due au collége pour l'un ou l'autre de ces deux droits, sera mise immédiatement à la charge du Censeur, et retenue sur son traitement.

(Extrait d'une circulaire du 10 novembre 1827.)

TITRE III. — POURSUITES FISCALES.

515. Les instituteurs et maîtres verseront les droits dus pour leurs élèves par trimestre et d'avance (1).

(Décret du 14 novembre 1811. art. 117.)

516. Dans le cas où la pension d'un élève qui n'est pas à la bourse entière ne serait point payée par les parents (2), après soumission par eux faite de l'acquitter, le proviseur prendra toutes les me-

(1) Cet article exige que le versement des droits soit fait d'avance. Cependant les articles qui vont suivre et qui sont extraits du décret de 1809 supposent le contraire. C'est qu'en effet le paiement d'avance n'est pas toujours possible; du reste, nous venons de dire que cet article a été modifié.

(2) L'article 521 assimilera à ce cas le non-paiement des frais d'études.

sures convenables, même les voies judiciaires, pour en procurer le paiement; à l'effet de quoi, il s'adressera au procureur impérial, pour qu'il suive sans frais à la chambre du conseil, comme pour les affaires du domaine.

517. Le délai d'un an passé, il en fera son rapport au recteur, lequel en rendra compte au grand-maître.

518. L'élève sera renvoyé à sa famille, contre laquelle le proviseur pourra, d'ailleurs, se pourvoir pour le paiement des trimestres échus.

519. Si le grand-maître le juge convenable, il pourra nous demander l'envoi de l'élève dans une école d'arts et métiers.

(Décret du premier juillet 1809, art. 11-14.)

520. Lorsque la portion de pension à la charge des parents n'aura pas été payée, l'élève pourra leur être remis, et la bourse sera considérée comme vacante, sans préjudice aux poursuites judiciaires autorisées par les règlements.

(Ordonnance du 28 août 1827, art. 11.)

521. L'article 11 de l'ordonnance du 28 août 1827, ayant principalement pour objet d'assurer aux colléges la rentrée des sommes qui leur sont dues, soit pour les trousseaux des boursiers royaux, soit pour les parties de pension et autres

frais restant à la charge des familles, on doit en faire l'application aux sommes dues par les boursiers communaux, par les pensionnaires libres, par les demi-pensionnaires et par les externes.

(Extrait d'une circulaire du 10 novembre 1827.)

522. Le recouvrement des droits dus à l'université par tous les instituteurs, maîtres de pension et directeurs d'école, tant pour leur chef que pour le compte des élèves, sera fait à la diligence des recteurs.

(Décret du 15 novembre 1811, art. 116.)

523. Le recteur, chargé de l'exécution, décernera contre les instituteurs et maîtres de pension en retard des contraintes exécutoires par provision.

524. Les instituteurs et maîtres de pension pourront se pourvoir, tant contre l'arrêté que contre la contrainte, en celle de nos cours impériales dans le ressort de laquelle sera située l'académie à laquelle ces maîtres appartiendront. Le pourvoi aura lieu dans les délais établis pour l'appel par le Code de procédure civile ; ces délais courront à dater du jour de la notification de l'arrêté ou de la contrainte.

(Décret du 15 novembre 1811, art. 52-53.)

525. En cas de recours à nos cours impériales, contre les arrêtés et les contraintes, il sera procédé

en nos cours sommairement et sur simple mémoire, ainsi qu'il en est usé pour l'administration des domaines.

(Décret du 15 novembre 1811, art. 123.)

526. Des poursuites sont dirigées par les procureurs du roi, à la requête des recteurs, contre les chefs d'école en contravention aux règlements, et contre les redevables qui négligent ou refusent de se libérer aux époques prescrites.

527. Les procureurs du roi peuvent poursuivre d'office les chefs d'école en contravention.

528. Les frais de poursuites, dans l'un et dans l'autre cas, sont payés par l'université, sauf son recours contre les délinquants pour en obtenir la restitution.

(Arrêté du 11 novembre 1826, art. 245-24

NOTES ET DOCUMENTS.

Note 1, page 1.

GRATUITÉ DE L'ENSEIGNEMENT.

Nous donnons ici une pièce officielle qui ne manquera pas d'intéresser la curiosité du lecteur ; elle est inédite, et elle a été copiée textuellement sur l'original, dans la section des archives du royaume qui se trouve au palais de justice. Quand on aura vu, ainsi que le constate ce document précieux, que l'accomplissement d'une mesure réclamée par les idées de progrès et par l'état politique de l'enseignement en France, n'est après tout que le paiement d'une dette contractée par l'Etat envers l'université, nous pensons que la question de la gratuité aura fait un pas immense.

La gratuité ne s'appliquait qu'aux collèges de Paris ; mais remarquons une chose : le vingt-huitième du produit des postes affecté à cet objet rapporta en 1781, 371,428 livres. Aujourd'hui, il s'élèverait à près de 2,000,000. Or, que faudrait-il pour établir la gratuité de l'externat dans tous les collèges royaux de France? 629,926 francs, suivant le rapport que M. Villemain a publié en 1843.

Voici le texte authentique de ce document :

« LOUIS par la grâce de Dieu, Roi de France et de Navarre à nos amez et féaux conseillers, les gens tenants nostre cour de parlement et chambre des comptes à Paris, salut.

Nostre très chère et bien aimée *fille aisnée l'Université de nostre bonne ville de Paris*, nous ayant fait remontrer que depuis son establissement elle a eu droit d'establir des messageries dans toutes les provinces de nostre royaume avec retour desdites provinces à Paris, dans lequel droit elle a esté maintenue par arrêts de nostre conseil des quatorze décembre mil six cent quarante et un, vingt-neuf mars mil six cent quarante-deux, dix-neuf novembre mil six cent quarante quatre, et lettres patentes expédiées en conséquence le quinze may mil six cent quarante-cinq, et par autres arrests de nostre conseil du cinq octobre mil six cent quarante-sept, et vingt-sept mai mil six cent quatre-vingt-six, et nous ayant très humblement supplié qu'il nous plust fixer à la somme de cent cinquante mille livres le prix desdites messageries, si mieux nous n'aimions luy permettre de les affermer séparément, à la charge par elle de faire faire gratuitement l'instruction de la jeunesse dans tous les colléges de plein exercice de nostre dite fille aisnée ; et en cas qu'il nous plust de fixer le prix desdites messageries, et de les comprendre dans le bail général des postes et messageries de nostre royaume, que cette fixation fût faite par proportion au prix dudit bail général, à la charge que le fermier général sera tenu de prendre le bail desdites messageries, et qu'il pourra être poursuivi pour le payement qui sera fait de quartier en quartier et par avance en nostre dite cour du Parlement de Paris, et que, faute de payement, nostre dite fille rentrera dans la libre disposition desdites messageries ;

Nous y avons pourvu par l'arrest ce jourd'hui rendu en nostre conseil d'estat, nous y estant, pour l'exécution duquel nous avons ordonné que toutes lettres nécessaires seront expédiées, lesquelles nostre dite fille nous a très humblement fait supplier de luy accorder;

A ces causes voulant favorablement traiter nostre dite fille aisnée l'université de Paris, de l'avis de nostre très cher et très amé oncle, le duc d'Orléans, petit-fils de France, régent, de nostre très cher et très amé oncle le duc de Chartres, premier prince de nostre sang, de nostre très cher et très amé cousin, le duc de Bourbon; de nostre très cher et très amé cousin le prince de Conty, prince de nostre sang; de nostre très cher et très amé oncle, le comte de Toulouse, prince légitimé et autres Pairs de France, grands et notables personnages de nostre royaume, qui ont vu le dit arrest de notre conseil, ensemble les actes passés par les nations de la faculté des arts de nostre dite fille aisnée l'Université de Paris, le huit du présent mois et an, l'acte passé devant Diomer et son confrère, notaires au chastelet de Paris, le dit jour par les procureurs de la dite faculté, en conséquence des pouvoirs à eux donnés par les dits actes, le tout cy attaché sous le contre-scel de nostre chancellerie.

Nous avons, conformément audit arrest, ordonné, et par ces présentes signées de nostre main, ordonnons que le bail des messageries appartenant à nostre dite fille aisnée l'Université de Paris, sera toujours compris ou censé compris dans le bail général des postes et messageries de nostre royaume; à l'effet de quoy les nations de la faculté des arts de la dite université seront tenues de passer le bail des dites messageries à l'adjudicataire général des dites postes et messageries; et, faute par les dites nations de passer le dit bail, le dit bail général suffira au dit fermier des postes pour l'exploitation des dites messageries :

Ordonnons que le prix du bail des dites messageries de la dite université demeurera fixé pour toujours au vingt-huitième effectif du prix du dit bail général des dites postes et messageries royales, lequel vingt-huitième sera payé par l'adjudicataire à commencer au premier avril de la présente année, sans aucune retenue, et franc et quitte de toutes charges, de quartier en quartier, et par avance aux receveurs qui seront nommés par la dite faculté des arts : lequel payement sera passé dans le compte du fermier général des postes et messageries royales sur les quittances des dits receveurs, sans néanmoins que pour raison du dit vingt-huitième, la dite université puisse prétendre aucune portion de propriété dans les dites postes et messageries royales, mais seulement dans celle des messageries dans laquelle elle a esté maintenue par les arrests de notre conseil des quatorze décembre 1641, 29 mars 1642, 12 septembre, 5 octobre 1647, 27 may 1686, et par la déclaration du 15 may 1645, et en conséquence de la fixation du prix des dites messageries au vingt-huitième du prix du bail général, et du consentement de la dite faculté des arts contenu dans les dits actes,

Ordonnons qu'à commencer du premier avril de la présente année, l'instruction de la jeunesse sera faite gratuitement dans les colléges de plein exercice de nostre dite fille aisnée la dite université, sans que, sous quelque prétexte que ce soit, les régents des dits colléges puissent exiger aucuns honoraires de leurs écoliers ; faute de laquelle instruction gratuite, le dit arrest et les présentes demeureront nulles et comme non avenues ;

Voulons aussy que, faute par le fermier des postes et messageries de payer à la dite faculté le vingt-huitième du prix du dit bail général, elle rentrera dans tous ses droits pour les exercer comme elle aurait pu faire en vertu des arrêts de nostre conseil et lettres patentes sus-datées.

Si nous mandons que ces présentes vous ayez à enregistrer selon leur forme et teneur, et du contenu en icelles faire jouir nostre dite fille ainée pleinement et paisiblement, cessant et faisant cesser tous troubles et empêchements contraires, car tel est nostre plaisir.

Donné à Paris le quatorzième jour d'avril, l'an de grâce mil sept cent dix-neuf, et de notre règne le quatrième, signé Louis, et plus bas, par le roy, le duc d'Orléans, régent présent, Philippeaux, et scellées du grand sceau de cire jaune. »

Archives du royaume, section judiciaire.

(Ordonnances de Louis XV. - B.......G folio 7.)

On peut se rendre compte approximativement de ce que l'Etat a reçu de l'université et de ce qu'il lui a rendu.

Le décret du 8 mars 1793 ordonne que, *les biens form nt la dotation des colléges, des bourses et de tous les autres établissements d'instruction publique seront vendus*, excepté ceux dont l'Etat se réservait la jouissance.

Or, 1° les bâtiments des 562 colléges qui appartenaient à l'université ne peuvent être évalués à moins de 200,000 francs chacun, ci. 112,400,000 fr.

2° Les fondations de 7,000 bourses à 500 chacune, représentent un capital de. 70,000,000

3° Le vingt-huitième du produit des postes cédé à l'université par lettres patentes du

14 avril 1719, a produit en 1781, 371,428 liv., qui capitalisé à cinq pour cent donne. . . . 7,428,560

Le total s'élève à. . . . . 189,828,560 fr.

Sans compter les revenus particuliers que ces établissements pouvaient avoir, et qui sont inconnus.

Ce capital forme pour l'Etat à cinq pour cent, un revenu annuel de. . . . . 9,491,428 fr.

A ce revenu ajoutons les produits universitaires, qui sont évalués pour l'exercice 1846, à 2,580,000

Total du revenu. . . . . 12,071,428 fr.

Or, quel est le sacrifice annuel que l'Etat s'impose pour les bourses et les subventions des colléges royaux ? Il se monte à. 1,940,477

L'état garde pour lui. . . . . . 10,130,951 fr.

Il est vrai que l'administration générale est à sa charge. Mais l'état ne prétend pas sans doute que le ministère de l'instruction publique ne lui coûte rien, et soit placé dans d'autres conditions que les autres ministères qui, excepté celui des finances, coûtent infiniment plus qu'ils ne rapportent.

On voit par cet exposé que l'Etat est le débiteur de l'université, et, si on réfléchit à l'augmentation de valeur que depuis 1793 les propriétés ont acquise, à l'accroissement du produit des postes, qui a presque décuplé, et aux intérêts accumulés des revenus dont l'Etat est détenteur, on se demande comment il se fait que le gouvernement traite l'université avec tant de parcimonie, et qu'il ait eu le courage de lever encore, cette année, un impôt de 140,000 francs sur l'externat de Paris auquel il doit la gratuité.

Note B, page 2.

RÉSUMÉ HISTORIQUE

Des vicissitudes qu'a subies la constitution du conseil de l'université.

De tous les rouages de l'administration universitaire, le conseil royal est sans contredit celui qui a subi le plus de remaniements ; et cela se conçoit, car il en a toujours été le plus important.

D'après le décret de 1808, il était composé, nous le savons, de trente membres, dont le tiers était inamovible, et les deux autres tiers annuellement renouvelés. Cette constitution, qui depuis quelques mois, est redevenue celle de l'université, fut appliquée pendant tout le temps de l'empire et subsista même jusqu'au septième mois de la première restauration.

L'ordonnance du 17 février 1815 vint modifier profondément l'organisation administrative de l'université. Détruisant les vingt-sept circonscriptions académiques et leurs conseils, elle les remplaça par dix-sept conseils d'universités locales régis et surveillés par un conseil de l'instruction publique. Ce conseil central était composé d'un président et de onze conseillers nommés directement par le roi. Deux d'entre eux devaient être choisis dans le clergé, deux dans le conseil d'état ou les cours, et les sept autres parmi les personnes les plus recommandables par leurs talents et leurs services dans l'instruction publique.

Mais cette ordonnance resta à l'état de projet. Un mois après, le cours des événements, supérieur à la prévoyance humaine, en emportait encore une fois l'auteur au-delà des frontières de France.

Bientôt le reflux de cette mer agitée des révolutions politiques le ramena sur le trône chancelant où se sont assises tant d'infortunes.

Une nouvelle ordonnance datée du 15 avril 1815, rapporta celle du 17 février précédent. L'organisation des académies fut maintenue, les pouvoirs attribués par les décrets de 1808 au grand-maître et au conseil de l'université furent exercés, sous l'autorité du ministre de l'intérieur, par une commission de cinq membres qui portait le titre de *commission de l'instruction publique*. La même ordonnance nomma ces cinq membres qui étaient MM. Royer-Collard, Cuvier, Silvestre de Sacy, l'abbé Frayssinous et Guéneau de Mussy.

Le 22 juillet 1820, le nombre des membres de la commission fut, par ordonnance royale, porté à sept.

Enfin, l'ordonnance du 1er novembre 1820 rendit à cette assemblée le rang et le costume du conseil de l'université, et lui conféra le titre de conseil royal de l'instruction publique. Les membres du nouveau conseil devaient être nommés par le roi entre trois candidats présentés par le conseil et choisis parmi les inspecteurs-généraux et les recteurs. Cette dernière disposition fut encore modifiée. L'ordonnance du 27 février 1821 établit que les trois candidats seront présentés par le président, de l'avis du conseil royal, et choisis parmi les personnes les plus recommandables de l'instruction publique.

Cette organisation subsista jusqu'au 7 décembre 1845. C'est alors que M. de Salvandy, cédant à une préoccupation conçue dès son première ministère et fortifiée plus tard par des considérations politiques, rentra hardiment, par un coup d'état universitaire, dans l'ordre légal interrompu depuis trente ans. L'ordonnance du 7 décembre replaça le conseil de l'université dans toutes les conditions de son origine impériale.

Nous n'avons pas à nous expliquer sur la portée politique de cet acte. Nous dirons seulement que, si la constitution actuelle du conseil de l'université est conforme à la légalité, ce qui est un avantage immense, elle est pourtant loin d'être parfaite, et que la loi qu'on nous fait espérer tous les ans, et dont il faut peut-être pour cela désespérer, devra encore une fois la modifier.

Ce qu'on peut en effet reprocher à la composition du conseil, c'est que l'élément rénovateur est hors de proportion avec l'élément de permanence et de conservation qui constitue dans un corps l'esprit d'ordre et de suite indispensable à toute bonne administration.

Le conseil est aussi trop nombreux, et il deviendra très difficile d'en remplacer les membres sortants ; puis le nombre a toujours plutôt ajouté à la longueur qu'à la clarté des discussions.

Il serait donc utile de réduire le chiffre des conseillers, et tout en conservant le principe de rénovation qui empêche une assemblée de rester dans l'ornière insensiblement creusée par l'habitude, de les renouveler annuellement dans une proportion qui ne rompe pas brusquement l'équilibre des délibérations.

Note C, page 19.

AUTORISATION D'ENSEIGNER.

Dans les premiers temps de l'université, au treizième et au quatorzième siècle, l'enseignement public ne s'adressait qu'à des élèves externes qui vivaient dans leurs familles ou dans les hôtels. Il se forma bientôt pour les écoliers des lieux particuliers de réunion appelés *pédagogies*, où ils recevaient à des taux déterminés le logement et la nourriture. De là ils se rendaient aux écoles publiques de la rue Saint-Jean-de-Beauvais, de la rue du Fouarre, ou chez des régents particuliers. Telle est l'origine des pensions. Elles sont de près de deux siècles antérieures aux pensionnats à exercice ; et on peut dire qu'elles représentent sous sa forme primitive et dans son organisation la plus simple, la liberté de l'enseignement.

Pour être maître de pédagogie ou de pension, il fallait être maître-ès-arts. Il paraît que ce titre était suffisant pour donner le droit d'établir une pédagogie, et qu'une autorisation préalable n'était point nécessaire.

Toutefois, le grand-chantre de Notre-Dame, qui était le chef des petites écoles, prétendait étendre sa juridiction sur les pédagogies, sur les maîtres ès-arts répétiteurs, ou maîtres de pension, et leur suscitait mille tracasseries. Pour s'en garantir, les maîtres de pension eurent recours en 1707 à l'université, la supplièrent de les protéger, et de les reconnaître pour ses suppôts, ce qui leur fut accordé. L'université leur donna des statuts en 35 articles, homologués au parlement par arrêt du 5 mai 1708.

Trente ans plus tard, ils demandèrent à l'université que l'un d'entre eux fût élu syndic ou agent, pour gérer les affaires de la communauté. Cette demande fut agréée; et, par conclusion du 2 août 1738, homologuée au parlement et par arrêt du 28 novembre 1738, on leur accorda un syndic qui devait être élu par le recteur, mais en présence des maîtres de pension, et le plus souvent avec leur agrément ; c'étaient eux en quelque sorte qui le présentaient au recteur.

Depuis ces statuts, les maîtres de pension qui voulurent être sous la protection de l'université durent lui demander une autorisation. Cette dépendance n'était que facultative ; la plupart cependant profitèrent d'un état de choses qui leur assurait une protection.

Les conditions auxquelles ils l'avaient obtenue étaient de présenter un cierge au recteur le 2 février, de subir sa visite, ou celle de ses délégués, quand il le jugerait à propos, d'observer le règlement qui leur avait été donné, et surtout d'envoyer leurs pensionnaires prendre l'instruction dans les collèges de plein exercice.

Quant aux formalités à remplir pour se faire recevoir maître de pension, Heurtaut, qui l'était lui-même, nous les fait connaître dans le dictionnaire qu'il publia en 1779.

On se présentait d'abord à l'agent, ou syndic, qui prescrivait la marche à suivre :

1° Rendre visite au recteur pour lui demander de *supplier* au tribunal de l'université, afin de tenir pension.

2° Si la permission est accordée, le postulant rend visite au syndic de l'université à qui il montre ses lettres de maître-ès-arts ; puis aux doyens des facultés et aux procureurs des nations, membres nés du tribunal, devant lequel il doit supplier.

3° Supplier devant le tribunal; et, si la supplique est admise, fournir attestation de bonne vie et mœurs et de capacité aux deux commissaires que le tribunal a nommés à cet effet. L'un d'eux lui fait subir un examen particulier sur les belles-lettres.

4° Faire la même chose à l'égard de la compagnie des maîtres de pension, assemblés dans la salle particulière au collège de Louis-le-Grand. S'il ne s'y dit rien au désavantage du récipiendaire, la compagnie charge l'agent de le présenter au tribunal pour la seconde supplique, après avoir conféré à son sujet avec les commissaires nommés par le tribunal. Si toutes ces informations sont favorables, le postulant est admis, sous la condition expresse de dépendre de l'université, et de suivre les statuts qu'elle a donnés à ses maîtres; de quoi il prête serment entre les mains du recteur, avant de recevoir ses lettres de pédagogie.

Le nouveau maître prononce au collège de Louis-le-Grand un discours latin sur tel sujet de littérature qu'il lui plaît, et auquel répond l'agent. Ce discours est publié et se fait ordinairement dans les trois mois qui suivent la réception.

Note *D*, page 30.

— —

ARRÊTÉ

Qui interdit aux professeurs des lycées d'avoir chez eux plus de deux élèves pensionnaires ou externes.

Du 18 janvier 1811.

LE CONSEIL DE L'UNIVERSITÉ,

Vu la lettre du recteur de l'académie de Clermont, qui expose que plusieurs professeurs des lycées de Clermont et Moulins, outre les enfants qu'ils ont en pension chez eux, répètent des élèves de différents cours, prétendant n'être pas en opposition avec l'article 101 du décret du 17 mars 1808, en ce qu'ils n'ont pas chez eux plus d'un ou deux élèves, et que tous ceux qu'ils répètent suivent les cours des lycées;

Que les chefs d'institution et les maîtres de pension prétendent au contraire, que le décret ne permet aux professeurs des lycées de répéter qu'un ou deux élèves, soit pensionnaires, soit externes ;

Que cette différence d'opinions a déjà donné lieu à des contestations qu'il importe de faire cesser ;

Considérant que le texte de l'article 101 du décret du 17 mars 1808, ne se prête pas aux interprétations des professeurs des lycées, et que la défense faite aux professeurs des lycées, d'avoir chez eux plus de deux élèves, comprend également les pensionnaires et les externes ;

Considérant, en outre, que la violation de ces dispositions compromettrait la dignité des professeurs ;

Qu'elle pourrait les exposer à des soupçons de partialité en faveur des élèves auxquels ils donneraient des soins particuliers ;

Que d'ailleurs, elle nuirait à l'accomplissement de leurs devoirs, en absorbant une grande partie du temps qu'ils doivent tout entier à leurs classes ;

Considérant enfin, que les diplômes accordés aux chefs d'institution et aux maîtres de pension, deviendraient illusoires si les fonctionnaires des établissements nationaux d'instruction publique qui ont des traitements fixes, pouvaient se livrer concurremment avec eux aux fonctions de répétiteurs ;

Arrête ce qui suit :

(Arrêté du 18 janvier 1811.)

Note E, page 34.

Obligation de suivre les cours d'un collége.

L'obligation d'envoyer les élèves au collége n'est pas nouvelle; nous trouvons dans les statuts publiés en 1598, sous le règne de Henri IV, les deux articles suivants :

« Nemo per universam academiam extra gymnasia quovis vico aut loco separatim habeat discipulos, quos privatim doceat, neque ad ullum gymnasium mittat. Excipiantur cives honestiores urbis, qui apud se domi pædagogos habere poterunt, si libet, quibus suos liberos litteris initiandos, vel in aliquod gymnasium quotidie deducendos committant.

Nullus in privatis ædibus pueros, qui nonum annum excesserint, instituat et doceat. »

Ce principe est confirmé par deux arrêts du parlement en date du 6 août 1779 et du 2 avril 1784.

La loi du 25 février 1735 et celle du 11 floréal an x, n'imposent point cette obligation aux écoles privées; mais l'université impériale ne pouvait manquer de la rétablir. Nous ne pouvons nous empêcher ici de reconnaître que la fréquentation des cours des colléges est en elle-même une chose excellente, dont le principe devrait être universellement admis; mais ce principe a le malheur très-grand d'être imposé en vertu d'une loi de monopole. Si le gouvernement veut obliger tous les établissements à suivre les cours de ses colléges, il ne faut pas les y contraindre par une loi, ce serait de la tyrannie; il vaut mieux les y amener nécessairement par la supériorité et le bon marché de l'enseignement public : personne ne résistera à ces deux arguments dont le dernier surtout est irrésistible.

Les avantages de la fréquentation des colléges sont parfaitement exposés dans la circulaire suivante, adressée le 10 novembre 1810, par le grand-maître M. de Fontanes, aux chefs d'institution et maîtres de pension de Paris.

« Vous n'ignorez pas, messieurs, que, dans l'ancienne université, tous les maîtres de pension étaient dans l'usage d'envoyer au collége leurs écoliers dès qu'ils étaient en cinquième, et qu'en dernier lieu, les arrêts du parlement des 6 août 1779 et 2 avril 1784 leur en avaient fait une loi expresse. On supposait avec raison que les élèves n'apprenaient dans les pensions que les premiers éléments des langues française et latine, et que leur éducation ne pouvait recevoir son complément que dans les grands établissements d'instruction publique, soumis immédiatement à la surveillance du gouvernement, et pourvus de toutes les ressources propres à faire prospérer les études. Tel est l'esprit des décrets.

Cet ordre de choses a produit, comme tout le monde le sait, d'heureux effets; et l'université de Paris a joui longtemps de la réputation due à ses succès. Maintenant qu'un gouvernement protecteur des lettres et des sciences a réuni dans les lycées tous les moyens d'instruction, il importe d'en faire profiter la jeunesse, et de ne pas laisser languir dans un cercle étroit ceux qui sont appelés par la nature à un plus grand développement de leurs facultés.

La fréquentation des lycées par les élèves des pensions et institutions, est le moyen le plus efficace d'entretenir, entre tous les établissements de la capitale, une émulation profitable, non-seulement aux élèves, mais même aux maîtres employés dans ces établissements, puisque le mérite de ceux-ci s'apprécie par les succès de leurs élèves.

Elle est pour les parents une sûre garantie que leurs enfants puiseront l'instruction dans les meilleures sources, et que les succès qu'ils obtiendront ne seront pas illusoires.

En un mot, l'intérêt de l'université, qui est de rendre les études de plus en plus florissantes, s'accorde en ce point avec celui des familles et même avec l'intérêt bien entendu des chefs d'institution et des maîtres de pension, qui trouveront dans les lycées de puissants secours pour terminer et perfectionner l'éducation des jeunes gens confiés à leurs soins.

Il y a déjà longtemps, Messieurs, et je me plais à vous rendre cette justice, qu'un grand nombre d'entre vous se sont pénétrés de ces vérités, et qu'ils ont adopté l'usage d'envoyer leurs élèves aux lycées ; mais quelques-uns n'envoient pas une assez grande partie de leurs élèves et d'autres n'en envoient aucun.

C'est pour établir à cet égard une mesure générale et uniforme, que j'ai pris l'arrêté ci-joint auquel vous voudrez bien vous conformer, et dont vous m'accuserez réception.

Vous remarquerez que l'obligation d'envoyer les élèves au lycée ne date que de la première année d'humanités pour les institutions, et de la deuxième année de grammaire pour les pensions.

En admettant une différence dans les degrés d'instruction que ces deux genres d'établissements peuvent offrir, j'ai pensé qu'il ne fallait point exiger l'exécution de la mesure pour des jeunes gens dont la raison n'est pas encore développée, ou qui ne seraient pas en état de supporter la fatigue de courses journalières un peu longues.

Quant à la rétribution qui doit être payée au lycée, je suis disposé à faire, sur votre demande et d'après l'avis de la commission des lycées, toutes les exemptions et modifications que les circonstances pourraient exiger.

L'exemption sera accordée de droit à ceux qui en auront obtenu une pour la rétribution de l'université. »

Note F, page 58.

Arrêt de la Cour royale de Paris qui établit que les décrets constitutifs de l'université n'ont pas été abrogés par la charte de 1830 ; qu'ils ont conservé et conserveront force de loi tant que la loi nouvelle, promise par l'art. 69 de cette charte, pour l'instruction publique et la liberté de l'enseignement, n'aura pas été rendue.

Extrait des minutes du greffe de la Cour royale de Paris.

Du 28 juin 1831.

« La Cour royale de Paris, chambre des appels de police correctionnelle, a rendu l'arrêt suivant :

Entre le procureur du roi près le tribunal de première instance du département de la Seine, plaignant, demandeur, appelant,..... d'une part,

Et 1° Charles Decoux, âgé de quarante-quatre ans, maître d'école, demeurant à Paris, rue de Sèvres, n° 113 ;

2° Charles de Montalembert, âgé de vingt et un ans, maître d'école, demeurant rue de l'Université, n° 11 ;

3° Jean-Baptiste-Henri Lacordaire, âgé de vingt-neuf ans, maître d'école, demeurant rue des Beaux-Arts, n. 3 bis ;

Prévenus, défendeurs intimés, non comparants quoique régulièrement cités et légalement appelés...., d'autre part :

Ledit procureur du roi appelant, par acte passé au greffe le

4 juin 1831, d'un jugement contradictoire du tribunal de police correctionnelle de Paris, en date du 3 du même mois ;

En ce qui concerne l'autorité et la force obligatoire que les décrets des 17 mars 1808 et 15 novembre 1811 auraient conservées :

Considérant que c'est un principe reconnu et consacré par une jurisprudence constante que les actes du gouvernement impérial, qui avaient été exécutés comme lois, ont conservé le même caractère et la même force d'exécution, tant qu'ils n'ont pas été abrogés par une loi postérieure ;

Considérant que les décrets ci-dessus désignés ont été exécutés comme lois, et que, loin qu'aucune loi postérieure jusqu'à la charte de 1830 ait dérogé aux dispositions qu'ils renferment, leur existence a été formellement reconnue par les lois des finances successivement rendues de 1816 à 1829, et même par la loi électorale du 19 avril 1831 ;

En ce qui concerne la question de savoir si la charte de 1830 n'a pas formellement ou implicitement abrogé ces décrets :

Considérant qu'il n'existe dans la charte aucune disposition qui déclare que les lois et règlements ayant force de loi sur l'instruction publique cesseront d'être exécutés ;

Considérant que, si, parmi les objets auxquels l'article 69 de la charte a déclaré qu'il serait pourvu successivement, par des lois séparées et dans le plus bref délai possible, figurent l'instruction publique et la liberté d'enseignement, ce ne peut être une raison pour en conclure qu'à l'instant même la législation qui nous régissait sur ce point a dû être regardée comme anéantie ;

Que, tout en proclamant comme principe constitutionnel qu'il devait être pourvu par une loi à l'instruction publique et à la liberté de l'enseignement, la charte a laissé au pouvoir législatif le soin de donner les institutions nouvelles qu'elle regardait comme nécessaires sur ce point ;

Qu'il suit de là qu'en reconnaissant le besoin de changement aux lois et aux règlements qui existaient, et en promettant une loi destinée à les organiser, elle a voulu que ces lois et règlements fussent exécutés jusqu'à ce que la loi promise fût intervenue ;

Considérant que c'est dans ce sens que l'article 69 de la charte de 1830 a été entendu et appliqué ; que, jusqu'au moment où des lois ont statué sur la compétence des tribunaux en matière de délits de la presse, sur l'organisation des gardes nationales, sur les institutions communales, les lois anciennes sur ces différents objets ont été constamment suivies, et que cependant l'article 69 de a charte s'était exprimé relativement à ces objets, comme il l'a fait en ce qui concerne l'instruction publique et la liberté de l'enseignement,

Arrête : »

Des arrêts de la cour de cassation confirment cet arrêt de la cour royale de Paris, que nous avons reproduit de préférence, à cause du soin avec lequel il a été motivé.

Note G, page 68.

Préambule de l'ordonnance de Louis XVIII relative aux écoles ecclésiastiques.

Du 5 octobre 1814.

Ayant égard à la nécessité où sont les archevêques et évêques de notre royaume, dans les circonstances difficiles où se trouve l'Église de France, de faire instruire, dès l'enfance, des jeunes gens qui puissent ensuite entrer avec fruit dans les grands séminaires, et désirant leur procurer les moyens de remplir avec facilité cette pieuse intention;

Ne voulant pas toutefois que les écoles de ce genre se multiplient sans raison légitime;

Sur le rapport de notre ministre secrétaire d'État de l'intérieur,

Nous avons ordonné ce qui suit.

Opinion de Monsieur Rendu au sujet de cette ordonnance.

« Nous avons dit sous la restauration, et nous avons le droit de répéter aujourd'hui, que cette ordonnance de 1814, en proclamant une sorte de divorce légal entre les jeunes hommes appelés à renouveler le clergé français et les autres élèves destinés aux diverses professions de la société civile, avait porté un coup funeste à tout l'ordre social. L'université en a souffert, et le clergé plus encore. La religion même, qui ressent toujours le contre-coup des fautes commises en son nom, a vu son influence légitime sur les esprits diminuer précisément par les étroites et imprudentes mesures que suggérait un zèle sans prévoyance et sans portée. Le clergé avait mieux défendu cette cause sacrée, il avait été plus juste et plus habile lorsqu'en 1789, provoquant franchement des améliorations indispensables dans l'instruction publique, il avait dit dans ses cahiers : « Ce sont les colléges qui préparent des ci-« toyens de toutes les classes, des militaires aux armées, des juges « aux tribunaux, des ministres au sanctuaire. »

Espérons que ce langage, si raisonnable et si vrai, sera entendu après tant et de si pénibles épreuves d'un système d'exception et d'isolement. Espérons que ces deux alliés naturels, ces deux dépositaires-nés de la morale publique, le clergé et l'université comprendront désormais leur commune mission, et, joignant leurs efforts, travailleront efficacement à raffermir la société profondément ébranlée, en la replaçant sur la double base de la religion et de la science. »

Note *H*, page 92.

La surveillance des écoles, tant publiques que particulières, est, nous l'avons dit, un droit que le gouvernement ne saurait abdiquer. La convention, qui avait proclamé le principe absolu de la liberté d'enseignement, mit cependant *les instituteurs et institutrices sous la surveillance immédiate de la municipalité ou section, des pères et mères, tuteurs ou curateurs, et sous la surveillance de tous les citoyens.*

(Décret du 29 frimaire an II.)

Nous citerons ici l'arrêté du directoire relatif à la surveillance des maisons particulières d'éducation.

Du 17 pluviôse an VI (février 1798).

« Le directoire exécutif, considérant que l'article 336 de l'acte constitutionnel lui impose l'obligation de surveiller les écoles particulières, les maisons d'éducation et pensionnats, comme faisant une partie importante des professions qui intéressent les mœurs publiques ;

Considérant que l'article 18 de la loi du 21 fructidor an III a conservé aux administrations centrales et municipales les attributions que leur avaient accordées les lois des 14 et 22 décembre 1789 (vieux style), et parmi lesquelles se trouve la surveillance de l'enseignement politique et moral ;

Considérant que cette surveillance devient plus nécessaire que jamais pour arrêter les progrès des principes funestes qu'une foule d'instituteurs privés s'efforcent d'inspirer à leurs élèves, et qu'il ne doit négliger aucun des moyens qui sont en son pouvoir pour faire fleurir et prospérer l'instruction républicaine ;

Arrête ce qui suit :

I. Toutes les écoles particulières, maisons d'éducation et pensionnats sont et demeurent sous la surveillance spéciale des administrations municipales de chaque canton.

En conséquence, chaque administration municipale sera tenue de faire, au moins une fois par chaque mois et à des époques imprévues, la visite desdites maisons qui se trouvent dans son arrondissement, à l'effet de constater :

1° Si les maîtres particuliers ont soin de mettre entre les mains de leurs élèves, comme base de la première instruction, les droits de l'homme, la constitution et les livres élémentaires qui ont été adoptés par la convention ;

2° Si l'on observe les décadis ; si l'on y célèbre les fêtes républicaines, et si l'on s'y honore du nom de citoyen;

3° Si l'on donne à la santé des enfants tous les soins qu'exige la faiblesse de leur âge, si la nourriture est propre et saine, si les moyens de discipline intérieure ne présentent rien qui tende à avilir et à dégrader le caractère, si les exercices enfin y sont combinés de manière à développer le plus heureusement possible les facultés physiques et morales.

II. Les membres des administrations municipales choisis et nommés par elles pour procéder à ces visites dans leurs arrondissements respectifs, s'adjoindront un membre au moins du jury d'instruction publique, et ils seront toujours accompagnés du commissaire du directoire exécutif près chaque administration municipale de canton.

III. Les administrations municipales dresseront procès-verbal de ces visites, et en transmettront copie aux administrations centrales de leurs départements ; celles-ci en rendront compte au ministre de l'intérieur ; cependant elles pourront provisoirement prendre telle mesure qu'elles jugeront nécessaire pour arrêter ou prévenir les abus, même en ordonnant la suspension ou clôture de ces écoles, maisons d'éducation et pensionnats.

IV. Le directoire exécutif fait un devoir spécial à ses commissaires près les administrations municipales de canton et les administrations centrales de département, de surveiller ou de requérir l'exécution des dispositions ci-dessus, et de dénoncer avec courage les infractions, omissions ou négligences qu'ils découvriront.

V. Le ministre de l'intérieur est chargé de l'exécution du présent arrêté, qui sera imprimé au Bulletin des lois.

Note I, page 121.

Arrêté portant que le sieur D... F..., maître de pension à S..., est rayé du tableau de l'université.

Du 27 novembre 1835.

LE CONSEIL,

Vu les pièces concernant MM. D.....-F....., maître de pension à S....-C...., (Rhône), prévenu d'avoir abandonné son établissement; vu les articles 69 et 148 du décret du 15 novembre 1811, ainsi conçus :

« Art. 69. Le membre de l'université qui abandonnera ses « fonctions sera rayé du tableau de l'université, et sera en outre « condamné à une détention proportionnée pour sa durée à la « gravité des circonstances, et qui ne pourra excéder un an.

« Le jugement qui la prononcera sera adressé à tel de nos « procureurs qu'il appartiendra, lequel sera tenu d'en suivre « l'exécution sans délai.

« Art. 148. Si un membre de l'université est condamné à la « réforme ou à la radiation du tableau, le jugement sera ren« voyé pour l'exécution, par le chancelier, au procureur général « de la cour impériale du ressort, pour être, à sa diligence, lu au « condamné en audience publique. »

A prononcé le jugement qui suit :

Le sieur D.....-F....., maître de pension à S....-C...., (Rhône), est rayé du tableau de l'université.

Note K, page 145.

Délibération du Conseil Royal.

SÉANCE DU 16 SEPTEMBRE 1845.

LE CONSEIL ROYAL,

Vu l'avis du Conseil académique de Paris, relatif à l'augmentation des frais d'études des colléges royaux de Paris ;

Considérant que les frais d'études ne sont pour les colléges royaux de Paris que de 60 francs ;

Que dans presque toutes les autres colléges royaux, ils sont beaucoup plus élevés, notamment à Lyon et à Bordeaux, où ils sont de 100 fr. ;

Considérant enfin que, lorsqu'une classe devient trop nombreuse, ce qui a lieu souvent, il faut la dédoubler aux frais du collége, et que ce dédoublement lui est très onéreux, puisque les avantages qu'il retire de l'accroissement des élèves sont de beaucoup inférieurs au traitement qu'il faut allouer au nouveau professeur ;

Décide qu'il y a lieu de porter les frais d'études à 100 fr. pour les colléges royaux de Paris, à partir de la prochaine rentrée des classes.

Il sera statué ultérieurement sur l'emploi du produit de l'augmentation des frais d'études.

Pour le conseiller exerçant les fonctions de chancelier,

ORFILA.

Pour le conseiller exerçant les fonctions de secrétaire,

P. T. DUBOIS.

APPROUVÉ :

Le ministre de l'instruction publique,
grand-maître de l'université,

SALVANDY.

Il est bon de remarquer qu'à Bordeaux, où, suivant cet arrêté, les frais d'études sont de 100 francs, ce tarif ne s'appliquait réellement qu'aux externes libres ; il était nominal pour ceux des institutions, car on n'exigeait d'eux que la moitié de cette somme. Mais depuis le mois d'octobre 1845, il a été signifié aux chefs d'établissement qu'ils auraient à payer 100 francs. Ainsi, on payait 60 francs à Paris et 50 à Bordeaux ; et cependant c'est sur ce dernier tarif qu'on s'appuie pour augmenter le premier. Il est probable que les chefs d'institution de Bordeaux doivent l'augmentation de cette année aux besoins de l'argumentation ministérielle.

Peut-être en a-t-il été de même à Lyon.

A Caen, le recteur voulait élever aussi le taux des frais d'études : à la nouvelle des difficultés que l'augmentation de cette taxe soulevait à Paris, il a prudemment ajourné.

Ces faits prouvent la tendance de l'administration à renchérir le prix de l'instruction, et cela à une époque où, sans parler du mouvement libéral des idées, la concurrence ecclésiastique, qui donne l'instruction presque gratuitement, devrait seule faire comprendre au gouvernement que la solution des plus grandes difficultés de la loi future est dans la gratuité, ou du moins dans le bon marché. Elever le niveau de l'enseignement et en abaisser le prix, voilà le seul moyen de salut pour l'université. Autrefois, le collége de Clermont, dirigé à Paris par les jésuites, donna le premier l'exemple de la gratuité de l'enseignement, et les autres colléges furent à l'instant même désertés. Quand la liberté de l'enseignement sera accordée, qui empêchera les jésuites, ou autres, de recommencer en 1847 ce qu'ils ont déjà fait avec tant de succès ?

Si le gouvernement sait profiter des leçons du passé, il n'hésitera pas à prendre l'initiative d'une mesure que le siècle dernier ne trouva pas trop libérale pour lui. La gratuité, nous l'avons dit ailleurs, a été établie pour l'externat de tous les colléges de Paris, en 1719, par le régent, et n'a cessé de régner qu'en 1793. Le renchérissement de l'instruction est une honte pour le dix-neuvième siècle, et, de plus, c'est une faute.

Nous devons dire ici, à l'honneur des conseils municipaux, que vingt-cinq colléges communaux ont admis le principe de la gratuité, et distribuent sans conditions l'enseignement secondaire à tous ceux qui en ont besoin. Les villes qui ont donné cet exemple méritent d'être connues :

Ce sont les villes d'Aire (Pas-de-Calais), Arles, Armentières, Auxonne, Bailleul, Beaune, Bergues, Cambrai, Cassel, le Cateau, Clamecy, Estaires, Gray, Lille, Maubeuge, Pontoise, le Quesnoy, Saint-Amand (Nord), Saint-Chamond, Saint-Claude, Saint-Lô, Saint-Maixent, Séez, Turcoing, Valenciennes.

TABLE DES MATIÈRES

CHAPITRE I.

ORGANISATION GÉNÉRALE DE L'UNIVERSITÉ.

CHAPITRE II.

HIÉRARCHIE ET DISTINCTIONS HONORIFIQUES.

CHAPITRE VI.

ÉTABLISSEMENTS DE PLEIN EXERCICE.

CHAPITRE VII.

ÉCOLES ECCLÉSIASTIQUES.

CHAPITRE VIII.

EXAMENS DU BACCALAURÉAT.

CHAPITRE IX.

DISCIPLINE DES ÉTABLISSEMENTS PARTICULIERS.

CHAPITRE X.

JURIDICTION DISCIPLINAIRE.

CHAPITRE XI.

DROITS FISCAUX.

TABLE DES NOTES ET DOCUMENTS.

MÉTHODE

D'ANALYSE ET DE COMPOSITION

ORATOIRES,

Par **M. E. GALERON,** agrégé des classes supérieures, chef d'institution à Paris.

Ouvrage adopté par le Conseil royal.

Un volume in-12. Prix, broché : 2 fr. 25 c.

Destiné aux jeunes rhétoriciens, ce livre a pour but de les initier promptement aux lois de la composition.

La première partie traite de l'analyse oratoire. Ce genre d'exercice est généralement trop négligé dans les classes : cela tient peut-être à ce que jusqu'à présent l'analyse oratoire s'est faite d'une manière arbitraire, sans règle fixe et sans méthode. Nous avons essayé de l'assujétir à une marche régulière, à la fois uniforme et intelligente.

Voici en quelques mots le procédé de cette méthode, que nous avons appliquée à la nouvelle édition du *Conciones*. Elle commence par constater l'état moral de l'auditeur, c'est-à-dire le sentiment qui l'anime, sentiment que l'orateur se propose de changer ou de fortifier ; puis elle marque le but de l'orateur, c'est-à-dire le sentiment qu'il veut inspirer à ceux qui l'écoutent. Elle détermine ensuite l'idée particulière ou sujet, qui est le point de départ de l'orateur. Voilà ce que nous entendons par analyse générale.

L'analyse particulière a pour objet d'énumérer les idées intermédiaires qui lient le sujet au sentiment que l'orateur veut réveiller. Observant les classifications de rapports qui ont été substituées aux catégories un peu rebutantes des lieux communs, elle indique les sources de ces idées intermédiaires, et montre comment elles jaillissent du sujet.

La deuxième partie traite des trois grandes divisions du discours : 1° exorde, 2° argumentation, 3° péroraison.

Nous avons reconnu deux genres d'exorde comprenant chacun deux subdivisions : cette classification est neuve, et, nous l'espérons, plus satisfaisante que l'ancienne.

Dans l'argumentation, nous commençons par exposer d'une manière aussi brève que claire, les procédés intellectuels du raisonnement (notions nécessaires, qui cependant manquent toujours aux élèves); et nous établissons que le raisonnement se compose d'une idée générale, d'une ou plusieurs idées intermédiaires et d'une idée particulière ou sujet : un discours n'est que l'exposition des rapports qui unissent l'idée particulière à l'idée générale ; ce qui nous conduit à chercher 1° la source des idées générales, 2° la source des idées intermédiaires.

1° La source des idées générales est dans la connaissance du cœur humain. Nous livrant à cette étude, nous découvrons les deux grands mobiles de l'homme qui le portent, l'un à soigner ses intérêts matériels, l'autre à les sacrifier; et nous trouvons que ce qui fait la différence des caractères, c'est la différence de proportion et d'alliage entre ces deux principes. Suivant le principe moral dans sa dégradation et dans ses aberrations, nous établissons sept grandes divisions de caractères, indiquant à l'orateur, dans chacune d'elles, les sentiments particuliers ou idées générales, qui doivent servir de but à son argumentation.

Après avoir trouvé la source des idées générales, nous cherchons celle des idées intermédiaires ou développements, dont l'invention coûte toujours tant de peine aux élèves; sur vingt rhétoriciens, dix-neuf pour le moins les demandent au hasard de l'inspiration, et pas un seul peut-être ne pourrait rendre compte des procédés employés par son esprit pour les découvrir. La source des idées intermédiaires est dans le sujet et ne peut être ailleurs; nous indiquons un moyen facile de les en extraire. Rajeunissant complétement la vieille théorie des lieux communs, nous montrons qu'une idée ne peut avoir avec une autre idée qu'un certain nombre de rapports logiques, et nous réduisons à quatre ces généralisations de rapports. Nous ne prétendons pas que ce procédé puisse suppléer la réflexion; mais il sert du moins à la guider et à l'affranchir des caprices de l'imagination.

Dans la péroraison, nous avons essayé de classer

d'une manière plus nette les différentes manières de terminer un discours.

Enfin, dans la troisième partie, appliquant les règles exposées dans les parties précédentes, nous procédons au travail même de la composition oratoire.

EXTRAIT DE LA PRÉFACE

Relatif aux améliorations et aux changements introduits dans le nouveau Conciones.

1° Nous avons élargi le cercle trop restreint des écrivains auxquels l'auteur du *Conciones* a emprunté ses extraits. Justin nous a fourni, entre autres morceaux, deux magnifiques harangues, celle d'Eumène à ses soldats révoltés, puis celle de Mithridate. Cette dernière, bien que fort étendue, est écrite en style indirect ; et nous ferons remarquer ici en passant que ce genre de style est toujours d'un excellent effet, et qu'il est peut-être mieux approprié que l'autre au génie de la langue latine.

A ces deux importants morceaux, nous avons ajouté un certain nombre de discours peu étendus, mais nerveux et colorés : la pensée y est en quelque sorte condensée, et par conséquent plus incisive. Nous avons trouvé aussi dans César quelques discours remarquables par le mouvement de la pensée et la netteté du style ; et le nom de l'écrivain-conquérant figure dans ce livre.

On a voulu faire pour les poètes ce qui avait été fait avec tant de succès pour les prosateurs, et il existe un recueil intitulé *Conciones poeticæ*. L'idée était bonne ; et, si elle a peu réussi, c'est que le choix des extraits n'a pas été très judicieux. Il faut feuilleter vingt ou trente pages pour en trouver une digne d'être étudiée au point de vue oratoire. Nous avons cru devoir en extraire ce qu'il y a de vraiment beau, c'est-à-dire neuf ou dix admirables discours de Lucain, cet énergique écrivain qui était plus orateur que poète ; deux d'Ovide, ceux d'Ajax et d'Ulysse, qui sont des modèles oratoires ; et enfin un de Claudien, celui que Théodose adresse à son fils Honorius. Ce court appendice de discours en vers a été mis à la fin du volume.

2° Parmi les nombreux discours de Tite-Live que l'auteur du *Conciones* avait laissés de côté, nous en avons rétabli un nombre considérable, qui nous ont paru mériter cet honneur, tant pour leur étendue et leur régularité que pour la beauté du style. Nous avons également reproduit plusieurs discours de Tacite qui n'existent dans aucune édition du *Conciones*. A ceux de Quinte-Curce, nous n'avons ajouté qu'une allocution d'Alexandre. Quant à Salluste, il existe dans ses fragments deux discours qui ne nous ont pas paru assez remarquables pour figurer à côté des autres. Nous avons intercalé parmi les discours de Tite-Live, un discours fort curieux de Caton l'ancien en faveur des Rhodiens, discours dont Tite-Live se contente de faire mention sans le citer, parce qu'il se retrouvait textuellement dans le cinquième livre des *Origines*.

3° L'auteur du *Conciones*, qui avait supprimé beaucoup de beaux discours, a recueilli un grand nombre de petites allocutions peu significatives. Nous avons retranché toutes celles qui ne renfermaient rien de saillant, soit pour la pensée, soit pour l'expression.

4° Nous avons également fait disparaître certains discours, ou seulement certains passages qu'il est fort difficile de traduire en français, parce que notre langue ne sait pas, comme *le latin, braver l'honnêteté*.

5° Les sommaires ont été remaniés et mis en français ainsi que les notes relatives au texte. Les sommaires latins présentaient l'inconvénient, ou de n'être pas lus, ce qui nuisait à l'intelligence du discours, ou de faire perdre un temps précieux A quoi bon ajouter l'obscurité d'une langue étrangère aux difficultés inséparables d'un résumé rapide dont le but est d'exprimer beaucoup de faits en peu de mots?

6° Nous avons appliqué aux discours du *Conciones* les règles d'analyse qui ont été exposées dans la ***Méthode oratoire***. Ce genre d'analyse, outre le mérite de la nouveauté, présente l'avantage plus important d'être pour les élèves un guide uniforme et régulier qui les initie naturellement aux lois de la composition. (*Voyez, au feuillet précédent, le procédé de cette méthode analytique*). Nous n'avons pas appliqué ce travail à tous les discours; nous en avons laissé un certain nombre pour que les élèves pussent en essayer eux-mêmes l'analyse. Cet exercice est fort important, autant peut-être que celui des développements, quoique ce dernier soit à peu près exclusif dans les classes de rhétorique.

7° Pour éviter la monotonie de discours tombant toujours un à un, nous avons réuni en chapitres et sous un même titre, les discours qui se suivent en se rapportant au même sujet. Les chiffres arabes indiquent les chapitres qui se composent d'un ou de plusieurs discours; les chiffres romains marquent les subdivisions d'un même chapitre. Ainsi, dès les premières pages de Quinte-Curce, sous le titre de **Réception des ambassadeurs de Darius**, nous avons compris en un seul chapitre quatre discours : *I. Discours des ambassadeurs; II. Paroles de Parménion à Alexandre;*

III. Paroles d'Alexandre à Parménion ; IV. Réponse d'Alexandre aux ambassadeurs. Nous avons cru donner ainsi à la fois plus d'ensemble et plus de variété à l'éude de ce livre.

Quoique notre *Conciones* contienne beaucoup plus de matières que les autres éditions, cependant, grâce au format que nous avons adopté, il n'est pas plus volumineux ; il est plus agréable à l'œil et plus commode pour la lecture. Il se recommande aussi par la correction du texte, et le choix des variantes. Les dispositions typographiques et tous les détails de la justification, qui ont tant d'importance dans un livre classique, ont été l'objet du soin le plus attentif.

Ces enrichissements et ces améliorations feront de notre publication un *Conciones* tout nouveau qui, nous l'espérons, sera accueilli avec intérêt par MM. les professeurs de rhétorique.

ÉPISODES

DE LA VIE DE CICÉRON

EXTRAITS DE SA CORRESPONDANCE, TEXTE LATIN,

Ouvrage adopté par le Conseil royal de l'Instruction publique.

Un volume in-12. Prix, broché : 1 fr. 50.

Les lettres de Cicéron sont assurément la partie la plus curieuse de ses œuvres.

Les ouvrages d'un auteur ne nous font connaître ordinairement que l'homme officiel, c'est-à-dire ce qu'il n'est point et ce qu'il veut paraître. C'est ainsi que, dans le reste de ses œuvres, Cicéron est tantôt l'orateur qui pose devant la multitude ou devant le sénat, tantôt le philosophe qui se préoccupe de sa renommée de penseur et d'écrivain ; mais dans ses lettres il nous apparaît tel qu'il est réellement. Elles sont le miroir fidèle de ses sentiments secrets ; elles nous le montrent avec toutes ses imperfections, plus intéressantes mille fois que les qualités d'emprunt d'un personnage officiel. Elles nous révèlent ces délicieuses faiblesses de caractère qui diminueront les titres de Cicéron à l'admiration des hommes d'état, mais qui ont tant de charmes pour le philosophe et le littérateur.

Pourquoi donc ce précieux monument est-il presque inconnu dans nos colléges ? Plusieurs recueils classiques en ont cependant été publiés ; mais ils ont tous le même défaut ; et ce défaut est capital. Les lettres ont été recueillies sans méthode, sans aucun ordre de date ou d'idée. Elles se suivent sans se rattacher l'une à l'autre. A chaque instant, le fil des idées et des événements est interrompu : c'est une série de morceaux remarquables, sans aucun doute, mais incohérente et par conséquent sans intérêt.

L'auteur du nouveau recueil a suivi une méthode toute différente. Avec les plus belles lettres de Cicéron, il a cherché à reconstruire, non pas la vie entière du grand écrivain, ce qui eût été impossible, mais quatre épisodes de sa vie,

1° L'exil ;

2° Le proconsulat en Cilicie ;

3° La guerre civile ;

4° La mort de Cicéron.

Chacune de ces parties forme un épisode complet ; à l'intérêt des détails vient s'ajouter celui de l'ensemble : c'est une sorte de petit drame épistolaire.

Cet ouvrage a été adopté par le conseil royal comme livre d'explication pour les classes de troisième et de seconde.

Quelques notes ont été ajoutées pour lever les principales difficultés, et rendre la lecture de ce recueil accessible aux élèves de quinze à seize ans.

Un double treizième de chaque ouvrage, destiné au professeur de la classe, sera joint aux envois.

Ces ouvrages se trouvent dans toutes les librairies classiques de Paris.

www.ingramcontent.com/pod-product-compliance
Ingram Content Group UK Ltd.
Pitfield, Milton Keynes, MK11 3LW, UK
UKHW020950230726
13923UKWH00007B/229